A ALMA HUMANA SOB O SOCIALISMO

Oscar Wilde

A ALMA HUMANA SOB O SOCIALISMO

TRADUÇÃO E NOTAS
Hugo Lorenzetti Neto

RESENHA
George Orwell

POSFÁCIO
Gentil de Faria

coragem

© 2021 Editora Coragem

www.editoracoragem.com.br
contato@editoracoragem.com.br
(51) 98014 2709

Produção editorial Luise Fialho e Thomás Vieira
Tradução e notas Hugo Lorenzetti Neto
Tradução da resenha Alessandro Vanzellotti
Preparação Mariana Dal Chico
Arte da capa Luyse Costa
Letterings Emile Steffens

Dados Internacionais de Catalogação na Publicação (CIP)
(Câmara Brasileira do Livro, SP, Brasil)

Wilde, Oscar, 1854-1900
   A alma humana sob o Socialismo / Oscar Wilde ; tradução Hugo Lorenzetti Neto. -- Porto Alegre : Editora Coragem, 2021.

Título original: The Soul of Man Under Socialism
ISBN 978-65-996064-0-3

1. Anarquismo 2. Socialismo I. Título.

21-82015   CDD-335.83

Índices para catálogo sistemático:

1. Anarquismo : Economia 335.83

Cibele Maria Dias - Bibliotecária - CRB-8/9427

SUMÁRIO

Apresentação 11
Os editores

A alma humana sob o Socialismo 17
Oscar Wilde

Notas 85
Hugo Lorenzetti Neto

Resenha. 95
George Orwell

A Utopia de um esteta 101
Gentil de Faria

"Para ele, a Vida era a primeira e a maior das artes."
Oscar Wilde, em *O retrato de Dorian Gray*

APRESENTAÇÃO
Os editores

Carregando um lírio solitário e uma bengala com castão de ouro, uma figura vistosa sai do mercado de flores de Covent Garden, em Londres, e desce a Piccadilly Street. Ao chegar em casa, encontra seu quarto repleto de porcelanas azuis, tapetes gregos e fotografias de suas pinturas prediletas, pois acredita que apenas as boas maneiras limitam a necessidade de criar uma originalidade pessoal. É Oscar Wilde.

Consciente da importância da autoimagem para o crescimento de sua reputação, o escritor irlandês encomendou muitos retratos fotográficos profissionais ao longo dos anos, um dos motivos pelos quais se tornou amplamente conhecido ainda em vida. Oscar Wilde não levava essa espécie de culto a si próprio como uma expressão egótica, mas numa dimensão espiritualizadora, buscando traduzir a absoluta modernidade da beleza à vida material. Afinal, a arte e sua relação com a vida sempre foram preocupações centrais do pensamento de Wilde, que proferia palestras sobre estética muito antes de alcançar a fama como dramaturgo e ficcionista. Aos 36 anos, porém, o escritor mais famoso de seu tempo chocou a Inglaterra vitoriana.

"Vulgar", "sujo", "infame", "venenoso". Essas foram algumas das palavras usadas pela imprensa britânica para descrever *O retrato de Dorian Gray* logo após o lançamento na edição de julho de 1890 da *Lippincott's Monthly Magazine*, distribuída simultaneamente na Inglaterra e nos Estados Unidos. Se, por um lado, uma parte da crítica apreciou o romance, por outro, havia um influente segmento da imprensa pronto para condená-lo, rechaçando a susceptibilidade do jovem Dorian em ser corrompido.

Em 1891, Oscar Wilde publicou *A alma humana sob o Socialismo* (no original, *The Soul of Man Under Socialism*), ensaio em que assume a prevalência da superioridade estética e confronta as acusações de imoralidade recebidas. O movimento foi também uma forma de defesa premonitória: em 1895, as denúncias de que o escritor estaria envolvido afetivamente com o lorde Alfred Douglas, feitas pelo pai do rapaz, acabariam com Wilde julgado e preso. *O retrato de Dorian Gray*, romance que o tornaria célebre e modificaria a forma como a sociedade vitoriana compreendia a si própria, seria usado nos tribunais contra seu criador.

Não surpreende que Wilde atacasse o puritanismo como destruidor das artes e inimigo da modernidade. *A alma humana sob o Socialismo* contém críticas não apenas àqueles que o autor concebe como inimigos da luz e da ciência, mas também à filantropia praticada no período, quando mulheres ricas e de classe média assumiam um papel ativista central nos bairros de classe operária. Wilde inclusive encomendou diversos artigos sobre o tema como editor da *Women's World*, entre 1887 e 1889, já que, na verdade, essa prática era entendida como a principal obrigação das mulheres enquanto cidadãs ativas. Muitas jovens se sentiam impelidas a cumpri-la antes do casamento, por vezes seguindo na função durante toda a vida adulta.

"Realizar perfeitamente sua própria natureza – é para isso que cada um de nós está aqui", afirma lorde Henry no segundo capítulo de *O retrato de Dorian Gray*.

Dialogando de forma explícita com o que defende *A alma humana sob o Socialismo*, o personagem aristocrata acredita que a expressão completa de cada sentimento, pensamento e sonho levará a humanidade a esquecer os males do medievalismo e retornar ao ideal helênico, "ou, quem sabe, a algo ainda mais delicado". O ensaio de Wilde aprofunda, então, o que ele acredita ser a evolução dos preceitos helenísticos, em busca de formas de não se curvar ao dever e às expectativas alheias. Wilde desejava viver com os outros, e não para os outros.

Pela primeira vez no Brasil, o ensaio é apresentado com o título *A alma humana sob o Socialismo*, atualizado em relação a publicações anteriores como *A alma do Homem sob o Socialismo*. Não se trata apenas de uma alteração no título: a partir de escolhas de vocabulário e sintaxe, esta tradução inteiramente nova de Hugo Lorenzetti Neto acompanha a luta secular das mulheres pela inclusão enquanto pessoas com direitos e as conquistas que culminaram na Declaração Universal dos Direitos Humanos, promulgada em 1948. Ao final deste volume, encontra-se uma resenha crítica de George Orwell escrita no pós-Segunda Guerra Mundial, quase sessenta anos após o lançamento de *A alma humana sob o Socialismo*, e um posfácio inédito assinado por Gentil de Faria, professor que dedicou uma década ao estudo aprofundado de Oscar Wilde e sua presença na *belle époque* literária brasileira.

A obra de Oscar Wilde permanece reeditada em dezenas de países, provocando não mais escândalo, como no período vitoriano, mas admiração e assombro. Wilde levou ao extremo a concepção anti-aristotélica de que a vida imita a arte, e não o contrário, afirmando que "a arte nunca expressa nada mais que a si própria" e que ela "encontra sua perfeição dentro de si, e não fora". Permeado pela política, *A alma humana sob o Socialismo* é, acima de tudo, um manifesto pela autonomia artística. Boa leitura.

a alma HUMANA sob o socialismo

A principal vantagem que resultaria do estabelecimento do Socialismo é, sem dúvida, o fato de que ele nos livraria daquela sórdida necessidade de viver para os outros que, na condição presente das coisas, constrange tanto a quase todos. Na verdade, é difícil alguém conseguir escapar.

De vez em quando, no decorrer do século, um grande cientista, como Darwin; um grande poeta, como Keats; um refinado espírito crítico, como M. Renan; um artista supremo, como Flaubert[1], conseguiu se isolar, manter-se fora de alcance das ruidosas reivindicações dos outros, estar "sob o escudo do muro", como coloca Platão[2], e então perceber a perfeição do que estava dentro de si, para seu próprio e incomparável ganho, e para o incomparável e duradouro ganho de todo mundo. Essas, contudo, são exceções. A maioria das pessoas estraga sua vida com um altruísmo doentio e exagerado – são forçadas, de fato, a estragá-la. Encontram-se cercadas por pobreza hedionda, por feiura hedionda, por fome hedionda. É inevitável que se comovam fortemente com tudo isso. As emoções da humanidade se agitam mais rápido que a inteligência humana; e, como assinalei há algum tempo em um artigo sobre a função da crítica, é muito mais fácil simpatizar com o sofrimento do que com o pensamento. Por consequência, com intenções admiráveis, ainda que mal direcionadas, as pessoas se dedicam muito séria e sentimentalmente à tarefa de remediar todos os males que veem. Mas seus remédios não curam a doença: eles apenas a prolongam. Na verdade, seus remédios são parte da doença.

Tentam resolver o problema da pobreza, por exemplo, mantendo os pobres vivos; ou, no caso de uma escola de pensamento mais avançada, entretendo os pobres.

Mas isso não é uma solução: é um agravamento da dificuldade. O objetivo conveniente será tentar reconstruir a sociedade a partir do princípio da impossibilidade da pobreza. E as virtudes altruístas têm impedido que se alcance esse objetivo. Assim como os piores senhores eram aqueles gentis com seus escravizados – evitando que o horror do sistema fosse percebido pelos que com ele sofriam, ou compreendido por aqueles que o contemplavam –, também, no estado atual das coisas na Inglaterra, as pessoas que causam mais estrago são as que mais tentam fazer o bem. Por fim tivemos o espetáculo das pessoas que realmente estudaram o problema e conhecem a vida – pessoas cultas que moram no East End[3] – vindo a público e implorando à comunidade que contenha seus impulsos altruístas de caridade, benevolência ou equivalentes. Elas o fazem a partir do princípio de que tal caridade avilta e desalenta. Elas estão perfeitamente corretas. A caridade cria uma profusão de pecados.

Há também isto a se dizer. É imoral usar a propriedade privada para mitigar os males terríveis que resultam da própria instituição da propriedade privada. É imoral e injusto.

Sob o Socialismo tudo isso será, claro, alterado. Não haverá gente morando em antros fétidos e vestindo trapos fétidos, criando filhos doentes e famintos em ambientes insuportáveis e absolutamente repulsivos. A segurança da sociedade não dependerá, como depende agora, das condições climáticas. Se uma geada vier, não teremos mais cem mil pessoas desempregadas, mendigando pelas ruas em estado de repugnante miséria, ou choramingando por esmolas de seus vizinhos, aglomerando-se às portas de odiosos albergues para tentar garantir um pedaço de pão e uma noite de hospedagem imunda. Cada membro da sociedade compartilhará a prosperidade e a alegria gerais da sociedade, e se uma geada vier, ninguém ficará nem um pouco pior, na prática.

Por outro lado, o próprio Socialismo será valioso simplesmente porque levará ao Individualismo.

O Socialismo, o Comunismo, chamem-no como quiserem, ao converter a propriedade privada em riqueza pública, e ao substituir a competição por cooperação, reestabelecerá na sociedade as condições ideais para a vida de um organismo saudável, e garantirá o bem-estar de cada membro da comunidade. Ele dará à Vida, de fato, bases dignas e ambiente digno. Mas, para o desenvolvimento completo da Vida até sua forma mais alta de perfeição, algo mais é necessário. Esse algo a mais é o Individualismo. Se o Socialismo for Autoritário; se houver Governos armados tanto com poder econômico quanto com poder político; se, em uma palavra, tivermos Tiranias Industriais, então o estado da humanidade será pior que o inicial. Hoje em dia, por causa da existência da propriedade privada, um número considerável de pessoas tem condições de desenvolver uma certa quantidade limitada de Individualismo. Elas ou não precisam trabalhar, ou podem escolher a esfera de atividade que lhes é agradável e lhes dá prazer. São os poetas, filósofas, cientistas, pessoas de cultura – em suma, as pessoas reais, as pessoas que se realizaram[4], e por meio de quem toda a Humanidade alcança realização parcial. Por outro lado, há um número considerável de pessoas que, não tendo propriedade privada que seja sua, e estando sempre à beira da inanição, são compelidas a fazer trabalhos de bestas de carga, a fazer trabalhos que lhes são bastante desagradáveis e a que são forçadas pela Tirania peremptória, irracional e degradante do querer. Esses são os pobres, e entre eles não há graça de modos, encanto de discurso ou civilização, cultura e refinamento de prazeres, ou alegria de viver. De sua força coletiva, a Humanidade ganha prosperidade material. Mas esse ganho é apenas o resultado material, e a pessoa pobre, ela mesma, não tem importância nenhuma. É apenas o átomo infinitesimal de uma força que, longe de a considerar, a esmaga: na verdade, prefere-a esmagada, porque assim ela é muito mais obediente.

É claro que é preciso dizer que o Individualismo gerado sob as condições da propriedade privada não é sempre, nem sequer tende a ser, do tipo refinado e maravilhoso; e que os pobres, se não têm cultura ou encanto, têm ainda muitas virtudes. Ambas as afirmações são verdadeiras. A posse da propriedade privada é com muita frequência desalentadora, e essa é, certamente, uma das razões pelas quais o Socialismo quer se livrar dessa instituição. De fato, a propriedade é um estorvo. Há alguns anos, dizia-se pelo país que a propriedade traz muitos deveres. Dizia-se isso tão frequente e tediosamente que, por fim, a Igreja começou a dizê-lo. Escuta-se isso agora em todos os púlpitos. É a pura verdade. A propriedade não traz deveres meramente, mas traz tantos deveres que sua posse é em grande medida um aborrecimento. Se a propriedade trouxesse unicamente prazeres, seria suportável; mas seus deveres a fazem insuportável. Pelo bem dos ricos, devemos nos livrar dela. As virtudes dos pobres podem ser reconhecidas prontamente, e muitas são lamentáveis. Diz-se com frequência que os pobres são gratos pela caridade. Alguns deles, sem dúvida, o são, mas os melhores entre os pobres nunca são gratos. Os melhores são ingratos, descontentes, desobedientes e rebeldes. E estão certos de serem assim. Percebem que a caridade é um modo ridículo e inadequado de restituição parcial, ou esmola sentimental, normalmente acompanhada por alguma tentativa impertinente da parte do sentimentalista de tiranizar a vida dos pobres. Por que deveriam ser gratos pelas migalhas que caem da mesa dos ricos? Eles deveriam estar sentados à mesa e começam a sabê-lo. Sobre seu descontentamento, a pessoa que não estiver descontente com esse mundo em torno de si e com um padrão de vida tão baixo seria um idiota perfeito. Desobediência, aos olhos de qualquer um que já tenha estudado História, é a virtude humana original. É através da desobediência que o progresso se faz, através da desobediência e da rebelião. Às vezes os pobres são elogiados por serem frugais. Mas recomendar frugalidade aos pobres é grotesco e insultuoso na mesma medida. É como aconselhar a um faminto que coma menos. Para um trabalhador da cidade ou do campo, praticar a frugalidade seria absolutamente imoral. Ninguém deveria estar disposto a mostrar que consegue viver como um animal mal alimentado. Deve-se recusar essa forma de vida, deve-se roubar ou recorrer aos auxílios públicos, o que já é considerado por muitos uma forma de roubo. Sobre mendigar, é mais seguro mendigar que roubar, mas é mais digno roubar que mendigar. Não: uma pessoa pobre que é ingrata, voraz, descontente e rebelde é provavelmente uma personalidade real e tem muito em si. Ela é, pelo menos, uma inconformista saudável. Já os pobres virtuosos, esses são dignos de compaixão, claro, mas não se pode admirá-los. Eles fizeram um pacto oculto com o inimigo, e venderam seus direitos naturais por um prato de sopa ruim. Devem ser também extraordinariamente tolos. Consigo compreender alguém que aceita as leis que protegem a propriedade privada e admito até que quem a tem a acumule, se esse indivíduo for capaz de, sob essas condições, construir alguma forma de vida bela e intelectual. Mas me é quase inacreditável que alguém cuja vida seja arruinada e tornada horrenda por essas leis possa se sujeitar a sua continuidade.

No entanto, a explicação não é difícil de encontrar. É esta a miséria e a pobreza são tão absolutamente degradantes, e exercem um efeito tão paralisante sobre a natureza das pessoas, que nenhuma classe social está consciente de seu próprio sofrimento. Elas têm que ser informadas do sofrimento pelos outros, e muitas vezes os tomam com total descrédito. O que é dito por grandes empregadores contra agitadores é inquestionavelmente verdadeiro. Os agitadores são um conjunto de pessoas que se intromete em uma classe social perfeitamente satisfeita com o funcionamento da comunidade e plantam as sementes do descontentamento entre elas. Essa é a razão pela qual os agitadores são tão necessários. Sem eles, em nosso estado incompleto, não haveria avanço em direção à civilização. A que se intromete em foi eliminada na América não em consequência de qualquer ação por parte dos escravizados, ou mesmo de qualquer desejo de liberdade expresso por eles. Foi destruída devido à conduta flagrantemente ilegal de certos agitadores em Boston e em outros lugares, agitadores que não eram escravizados, nem donos de escravizados, nem tinham nada a ver com a questão. Foram, sem dúvida, os Abolicionistas que acenderam a tocha, que deram início a tudo. E é curioso notar que dos próprios escravizados eles receberam não apenas pouca ajuda, mas quase nenhuma simpatia; e quando, no final da guerra, os escravizados se descobriram livres, encontraram-se tão absolutamente livres que estavam livres para morrer de fome, então muitos deles lamentaram amargamente o novo estado das coisas.[5] Para quem reflete bem, o fato mais trágico de toda a Revolução Francesa não é que Maria Antonieta tenha sido morta por ser rainha, mas que o camponês faminto da Vendeia[6] tenha se oferecido voluntariamente para morrer pela hedionda causa do feudalismo.

Está claro, então, que nenhum Socialismo Autoritário servirá. Pois, embora no sistema atual muitas pessoas possam levar uma vida com certa liberdade, expressividade e felicidade, em um sistema de quartel industrial ou de tirania econômica ninguém poderia ter qualquer liberdade que fosse. É de se lamentar que parte de nossa comunidade esteja praticamente escravizada, mas é infantil propor a solução do problema por meio da escravização de todos. Cada pessoa deve ser deixada inteiramente livre para escolher seu próprio trabalho. Nenhuma forma de coação deve ser exercida. Se for, o seu trabalho não será bom nem para ela, nem em si mesmo, nem para os outros. E por trabalho quero dizer atividade de qualquer tipo.

É difícil acreditar que algum socialista, hoje em dia, proponha seriamente que um inspetor passe todas as manhãs em cada casa para ver se cada cidadão se levantou e fez seu trabalho manual durante oito horas. A humanidade ultrapassou esse estágio e reserva tal forma de vida para as pessoas que, de forma muito arbitrária, escolhe chamar de criminosos. Mas confesso que muitas das visões socialistas que encontrei parecem-me infectadas por ideias de autoridade, senão de coação mesmo. Claro que ambas estão fora de questão. Toda associação deve ser voluntária. É apenas em associações voluntárias que os humanos ficam bem.

Pode-se perguntar como o Individualismo, que agora é mais ou menos dependente da existência da propriedade privada para seu desenvolvimento, vai se beneficiar da abolição dessa mesma propriedade privada. A resposta é muito simples. É verdade que, nas condições existentes, alguns dos que tiveram recursos próprios, como Byron, Shelley, Browning, Victor Hugo, Baudelaire[7] e outros, foram capazes de realizar sua individualidade de forma mais ou menos completa. Nenhum deles jamais trabalhou por contrato um único dia. Eles foram libertados da pobreza. Tinham uma vantagem imensa. A questão é: seria para o bem do Individualismo a retirada de tal vantagem? Suponhamos que sim. O que acontece então com o Individualismo? Como ele se beneficia?

Ele se beneficia assim: sob as novas condições, o Individualismo será muito mais livre, muito mais refinado e muito mais intenso do que é agora. Não estou falando do grande Individualismo realizado pelo uso da imaginação de tais poetas como os que mencionei, mas do grande Individualismo real, latente e potencial na humanidade em geral. O reconhecimento da propriedade privada prejudicou o Individualismo e o obscureceu ao confundir uma pessoa com o que ela possui. Desvirtuou completamente o Individualismo. Fez do ganho, não do crescimento, seu objetivo. Então pensava-se que o importante era ter, e não se sabia que o importante é ser. A verdadeira perfeição humana está não no que se tem, mas no que se é.

A propriedade privada esmigalhou o verdadeiro Individualismo e estabeleceu um Individualismo falso. Ela impediu uma parte da comunidade de se individualizar ao deixá-la faminta. Ela impediu que a outra parte da comunidade se individualizasse, colocando-a no caminho errado e sobrecarregando-a. Na verdade, a personalidade humana foi tão completamente absorvida por suas posses que a lei inglesa sempre tratou as ofensas contra a propriedade com muito mais severidade do que as ofensas contra a pessoa, e a propriedade ainda é o teste da cidadania completa. A indústria necessária para ganhar dinheiro também é muito desalentadora. Em uma comunidade como a nossa, onde a propriedade confere imensa distinção, posição social, honra, respeito, títulos e prazeres semelhantes, a pessoa, sendo naturalmente ambiciosa, torna a acumulação de propriedade seu objetivo, e segue cansada e tediosamente acumulando depois de ter muito mais do que queria, conseguiria usar ou desfrutar, ou talvez até mesmo saber que tem. As pessoas se matam por excesso de trabalho a fim de garantir a propriedade e, de fato, considerando as enormes vantagens que a propriedade traz, não é de se surpreender. É lamentável que a sociedade seja construída de tal forma que as pessoas sejam forçadas a se enfiar no fundo de um poço no qual não podem desenvolver livremente o que é prodigioso, fascinante e encantador em si – poço onde, efetivamente, perde-se o verdadeiro prazer e a alegria de viver. Os humanos também estão, nas condições existentes, em constante insegurança. Um comerciante rico ao extremo pode estar – com frequência está – em cada momento de sua vida à mercê de coisas que não estão sob seu controle. Se o vento soprar um pouco mais, ou o tempo mudar repentinamente, ou algo trivial acontecer, seu navio pode afundar, seus negócios podem fracassar e ele vai se ver pobre, com sua posição social completamente perdida. Nada deveria ser capaz de prejudicar uma pessoa, exceto ela mesma. Nada deveria ser capaz de roubar uma pessoa. O que realmente se tem é o que está dentro. O que está fora não deveria ter nenhuma importância.

Com a abolição da propriedade privada, então, teremos o Individualismo verdadeiro, belo e salubre. Ninguém desperdiçará a vida acumulando coisas e o simbolismo das coisas. Viveremos. Viver é a coisa mais rara do mundo. A maioria das pessoas existe, e só.

Se alguma vez vimos a expressão plena de uma personalidade, exceto no plano imaginativo[8] da arte, é uma boa questão. Uma personalidade em ação, nunca vimos. César, diz Mommsen[9], era o humano completo e perfeito. Mas quão tragicamente inseguro era César! Onde quer que haja alguém que exerça autoridade, há quem resista à autoridade. César era absolutamente perfeito, mas sua perfeição viajou por um caminho perigoso demais. Marco Aurélio era um humano perfeito, diz Renan[10]. Sim; o grande imperador era um humano perfeito. Mas quão intoleráveis e intermináveis eram as reivindicações sobre ele! Cambaleou sob o fardo do império. Tinha consciência do quanto uma pessoa sozinha era insuficiente para suportar o peso daquele Titã e de tão vasto orbe. O que quero dizer com humano perfeito é aquele que se desenvolve em condições perfeitas; aquele que não está ferido, nem preocupado, nem mutilado, nem em perigo. A maioria das personalidades foi obrigada a ser rebelde. Metade de sua força foi desperdiçada em atrito. A personalidade de Byron, por exemplo, foi terrivelmente perdida em sua batalha contra a estupidez, a hipocrisia e o filistinismo dos ingleses. Essas batalhas nem sempre intensificam a força: frequentemente aumentam a fraqueza. Byron nunca foi capaz de nos dar o que poderia ter dado. Shelley escapou melhor. Como Byron, ele saiu da Inglaterra assim que foi possível. Mas ele não era tão famoso. Se os ingleses tivessem alguma ideia de como ele era um grande poeta, teriam caído sobre ele com unhas e dentes e tornado sua vida o mais insuportável. Mas ele não era uma figura notável na sociedade e, por consequência, escapou até certo ponto. Ainda assim, mesmo em Shelley, a marca de rebelião às vezes é forte demais. A marca da personalidade perfeita não é a rebelião, mas a paz.

Será magnífica a verdadeira personalidade quando a virmos. Crescerá de forma natural e simples, como uma flor ou como uma árvore cresce. Não estará em desacordo. Nunca vai discutir ou pelejar. Não terá de provar as coisas. Saberá tudo. E, no entanto, não vai se ocupar com o conhecimento. Terá sabedoria. Seu valor não será medido por coisas materiais. Não terá nada. E ainda assim terá tudo, e tudo o que se tirar dela, ela continuará tendo, de tão rica que será. Não vai se intrometer na vida dos outros ou pedir-lhes que sejam como ela. Ela os amará porque serão diferentes. E, no entanto, embora não interfira com os outros, ajudará a todos, como uma coisa bela nos ajuda, por ser o que é. A personalidade humana será esplêndida. Será tão maravilhosa quanto a personalidade de uma criança.

Em seu desenvolvimento, será auxiliada pelo Cristianismo, se as pessoas assim o desejarem; mas se não o desejarem, não será menos garantido o seu desenvolvimento. Porque ela não vai mais se preocupar com o passado, nem vai se importar se as coisas aconteceram ou não. Nem vai admitir quaisquer leis, exceto suas próprias leis; nem qualquer autoridade, senão sua própria autoridade. Ainda assim, ela amará aqueles que procurarem intensificá-la e falará frequentemente deles. Cristo era uma dessas personalidades.

"Conheça a si mesmo", foi escrito no pórtico do mundo antigo. Sobre o pórtico do novo mundo, será escrito "Seja você mesmo". E a mensagem de Cristo para a humanidade era simplesmente "seja você mesmo". Esse é o segredo de Cristo.

Quando Jesus fala sobre os pobres, ele apenas está se referindo às personalidades desenvolvidas, assim como, quando fala sobre os ricos, ele apenas se refere às pessoas que não desenvolveram suas personalidades. Jesus chegou a uma comunidade que permitia o acúmulo de propriedade privada, assim como a nossa, e o evangelho que ele pregava não dizia que em tal comunidade seria vantajoso viver de comida escassa e insalubre, vestir roupas esfarrapadas, dormir em residências horríveis e insalubres; nem que seria desvantajoso viver em condições saudáveis, agradáveis e decentes. Tal concepção estaria errada naquela época e lugar e, é claro, estaria mais errada ainda hoje, aqui na Inglaterra; à medida que um povo se move para o norte, as necessidades materiais se tornam de importância mais vital, e nossa sociedade é infinitamente mais complexa e exibe extremos muito mais intensos de luxo e miséria do que qualquer sociedade do mundo antigo. O que Jesus quis dizer à humanidade foi isto: "Vocês têm personalidades maravilhosas. Desenvolvam-nas. Sejam vocês mesmos. Não imaginem que a perfeição está em acumular ou possuir coisas externas. Seu afeto está dentro de vocês. Se ao menos vocês o percebessem, não quereriam ser ricos. Riquezas comuns podem ser roubadas. Riquezas reais, não. No tesouro de suas almas, existem coisas infinitamente preciosas, que não podem ser tiradas de vocês. Portanto, tentem conduzir suas vidas de forma que as coisas externas não os prejudiquem. E tentem também se livrar de bens pessoais. Eles trazem preocupação sórdida, indústria sem fim, erro contínuo. A propriedade pessoal atrapalha o Individualismo a cada passo".[11] Há que se notar que Jesus nunca disse que as pessoas pobres são necessariamente boas, ou que as pessoas ricas são necessariamente más. Isso não seria verdade. Pessoas ricas são, como classe, melhores do que pessoas empobrecidas, mais morais, mais intelectuais, mais corteses. Há apenas uma classe que pensa mais em dinheiro do que os ricos: os pobres.

Os pobres só conseguem pensar nisso. Essa é a miséria de ser pobre. O que Jesus diz é que se atinge a perfeição não pelo que se tem, nem mesmo pelo que se faz, mas inteiramente pelo que se é. E assim o jovem rico que vem a Jesus é representado como um bom cidadão, que não violou nenhuma das leis de seu Estado, nenhum dos mandamentos de sua religião. Ele é muito respeitável, no sentido ordinário dessa palavra extraordinária. Jesus disse a ele: "Você deve abandonar a propriedade privada. Ela o impede de chegar à perfeição. É um peso. É um fardo. Sua personalidade não precisa disso. É dentro de você, e não fora, que você encontrará o que realmente é e o que realmente quer". A seus próprios amigos, Jesus diz o mesmo. Ele diz a eles para serem eles mesmos e não se preocuparem com outras coisas. Que importam as outras coisas? Está-se completo em si mesmo. Quando seus amigos saírem pelo mundo, o mundo discordará deles. É inevitável. O mundo odeia o Individualismo. Mas eles não devem se inquietar. Eles devem ficar calmos e concentrados. Se alguém roubar seu manto, eles deverão dar o casaco, apenas para mostrar que as coisas materiais não importam. Se os xingarem, não deverão retrucar. O que isso significa? As coisas que as pessoas dizem não alteram ninguém. Cada um é o que é. A opinião pública não tem valor algum. Mesmo que as pessoas usem de violência real, não se deve devolver a violência. Equivaleria a descer ao mesmo baixo nível. Afinal, mesmo na prisão é possível ser livre. A alma pode ser livre. A personalidade pode estar tranquila. Pode-se estar em paz. E, acima de tudo, não se deve interferir nas outras pessoas ou julgá-las de forma alguma. A personalidade é uma coisa muito misteriosa. Nem sempre se pode ser estimado pelo que se faz. Pode-se andar conforme a lei e ainda assim ser alguém sem valor. Pode-se infringir a lei e ainda assim estar bem. Pode-se ser mau sem nunca ter feito nada de mau. Pode-se cometer um pecado contra a sociedade e ainda assim alcançar, através do próprio pecado, sua verdadeira perfeição.

Houve uma mulher que foi flagrada em adultério. Não nos é contada a história de seu amor, mas esse amor deve ter sido esplêndido; pois Jesus disse que seus pecados foram perdoados, não porque ela se arrependeu, mas porque seu amor era intenso e maravilhoso. Mais tarde, um pouco antes de sua morte, enquanto Jesus assistia a um banquete, a mulher entrou e derramou perfumes caros nos cabelos dele. Os amigos de Jesus tentaram interferir, e disseram que aquilo era uma extravagância, e que o dinheiro que custava o perfume deveria ter sido gasto em caridade, ou algo assim. Jesus não concordou. Ele mostrou que as necessidades materiais da humanidade eram grandes e permanentes, mas que as necessidades espirituais eram maiores ainda, e que, em um momento divino, uma personalidade pode se tornar perfeita expressando-se a seu modo. O mundo venera essa mulher, ainda hoje, como uma santa.

Sim; há aspectos sugestivos no Individualismo. O Socialismo aniquila a vida familiar, por exemplo. Com a abolição da propriedade privada, o casamento em sua forma atual deve desaparecer. Isso faz parte do programa. O Individualismo aceita esse fato e o transforma em algo desejável. Ele converte a abolição da restrição legal em uma forma de liberdade que ajudará no pleno desenvolvimento da personalidade, e tornará o amor entre seres humanos mais maravilhoso, mais bonito e enobrecedor. Jesus sabia disso. Ele rejeitou o chamado da vida familiar, embora aceitá-lo fosse a norma em sua época e em sua comunidade. "Quem é minha mãe? Quem são meus irmãos?", disse, quando lhe contaram que desejavam falar com ele. Quando um de seus seguidores pediu para partir e ir enterrar seu pai, "Deixe os mortos enterrarem os mortos" foi sua terrível resposta. Ele não permitiria que qualquer pressão social fosse exercida sobre a personalidade.

E, assim, a pessoa que leva uma vida semelhante à de Cristo é aquela que é perfeita e absolutamente ela mesma. Pode ser uma grande poeta ou um grande cientista; ou uma jovem estudante de uma universidade, ou alguém que observa ovelhas na charneca; ou um dramaturgo, como Shakespeare, ou alguém que pensa sobre Deus, como Spinoza; ou uma criança que brinca no jardim, ou uma pescadora que lança sua rede ao mar. Não importa quem seja, desde que perceba a perfeição da alma que está dentro de si. Toda imitação de padrão moral e de forma de vida é errada. Pelas ruas de Jerusalém, atualmente, rastejam loucos que carregam cruzes de madeira nos ombros. Eis um símbolo das vidas que são prejudicadas pela imitação. Padre Damião[12] era semelhante a Cristo quando saiu para viver com os leprosos, porque nesse serviço percebeu plenamente o que havia de melhor em si. Mas ele não era mais semelhante a Cristo do que Wagner[13] quando realizou sua alma na música; ou do que Shelley, quando realizou sua alma na poesia. Não existe um tipo único de pessoa. Existem tantas perfeições quanto há pessoas imperfeitas. E quanto às reivindicações da caridade, pode-se ceder e ainda ser livre; mas às reivindicações de conformidade ninguém pode, de modo algum, ceder e permanecer livre.

Individualismo, então, é o que devemos alcançar por meio do Socialismo. Como resultado natural, o Estado deve desistir de qualquer ideia de governo. Deve desistir porque, como um sábio disse certa vez muitos séculos antes de Cristo, é possível deixar a humanidade em paz, mas não é possível governar a humanidade. Todas as formas de governo são fracassadas. Despotismo é injusto com todos, inclusive com o déspota, que provavelmente foi feito para coisas melhores. Oligarquias são injustas para muitos e oclocracias[14] são injustas para poucos. Já houve grandes esperanças na democracia; mas ela significa simplesmente o espancamento do povo, pelo povo e para o povo. Já se descobriu. Devo dizer que já era hora, pois toda autoridade é degradante. Degrada aqueles que a exercem e degrada aqueles sobre os quais é exercida. Quando é usada com violência, estupidez e crueldade, produz um bom efeito, porque cria, ou pelo menos traz à tona, o espírito de revolta e Individualismo que vai matá-la. Quando usada com certa dose de gentileza e acompanhada de prêmios e recompensas, é terrivelmente desalentadora. As pessoas, nesse caso, são menos conscientes da pressão horrível que está sendo posta sobre elas, e assim passam pela vida em uma espécie de conforto rude, como animais domesticados, sem jamais perceber que provavelmente estão pensando os pensamentos de outras pessoas, vivendo pelos padrões de outras pessoas, vestindo o que praticamente se pode chamar de roupas de segunda mão, e nunca sendo elas mesmas por um único momento. "Quem desejar ser livre", diz um bom pensador, "não deve se conformar". E a autoridade, ao subornar as pessoas para que se conformem, produz um tipo muito grosseiro de barbárie superalimentada entre nós.

A punição se extinguirá junto com a autoridade. Este será um grande ganho – um ganho, de fato, de valor incalculável. Quando se estuda a História, não nas edições expurgadas escritas para meninos de escola e transeuntes, mas nas escritas originais de cada época, fica-se menos enojado pelos crimes que os perversos cometeram que pelas punições que os bons infligiram; e uma comunidade é infinitamente mais brutalizada pelo emprego habitual da punição do que pela ocorrência do crime. Obviamente, quanto mais punição se impõe, mais crime se produz, e a maior parte da legislação moderna reconheceu isso e tomou para si a tarefa de reduzir a punição tanto quanto acredita ser possível. Onde quer que se consiga, melhores são os resultados. Quanto menos punição, menos crime. Quando não houver punição alguma, o crime deixará de existir ou, se ocorrer, será tratado pelos médicos como uma forma muito angustiante de demência a ser curada com cuidado e bondade. Pois os que hoje são chamados de criminosos não são criminosos de forma alguma. A fome, e não o pecado, é a origem do crime moderno. Essa é, de fato, a razão pela qual nossos criminosos são, como classe, tão desinteressantes de qualquer ponto de vista psicológico. Eles não são Macbeths maravilhosos ou Vautrins terríveis[15]. Eles são apenas o que as pessoas comuns, respeitáveis e ordinárias seriam se não tivessem o suficiente para comer. Quando a propriedade privada for abolida, não haverá necessidade de crime, nenhuma demanda por ele; o crime deixará de existir. Claro, nem todos os crimes são contra a propriedade. Porém os crimes contra a propriedade são os que a lei inglesa, valorizando o que se tem mais que o que se é, pune com a mais impiedosa e horrível severidade, se descontarmos o crime de homicídio, e se considerarmos a morte algo pior do que a servidão penal, um ponto do qual nossos criminosos, acredito, discordam. Mas, embora um crime possa não ser contra a propriedade, ele pode surgir da miséria, da raiva e da depressão produzida por nosso sistema equivocado de posse de propriedade. Assim, quando esse sistema for abolido, esse tipo de crime desaparecerá. Quando cada membro da comunidade tiver o suficiente para seu querer e não for incomodado pelo seu vizinho, não será de seu interesse interferir na vida de ninguém. O ciúme, que é uma causa extraordinária de crime na vida moderna, é uma emoção intimamente ligada às nossas concepções de propriedade e, sob o Socialismo e o Individualismo, desaparecerá. É notável que nas tribos comunistas o ciúme seja absolutamente desconhecido.

Agora, como o Estado não deve governar, pode-se perguntar o que o Estado deve fazer. O Estado deve ser uma associação voluntária que organizará o trabalho e será o fabricante e distribuidor dos bens necessários. O Estado deve fazer o que é útil. O indivíduo deve fazer o que é belo. E, como mencionei a palavra trabalho, não posso deixar de dizer que hoje em dia se escreve e se fala muita bobagem sobre a dignidade do trabalho manual. Não há nada necessariamente digno nele, e sua maior parte é absolutamente degradante. É mental e moralmente danoso fazer qualquer coisa em que não se encontre prazer, e muitas formas de trabalho são atividades que não provocam nenhum tipo de prazer e devem ser consideradas como tal. Varrer uma passarela lamacenta por oito horas em um dia em que sopra o vento leste é uma ocupação asquerosa. Varrer com dignidade mental, moral ou física parece-me impossível. Varrer com alegria seria terrível. Pessoas foram feitas para coisa melhor do que a sujeira incômoda. Todo trabalho desse tipo deve ser feito por máquinas.

E não tenho dúvidas de que assim será. Até o presente, a humanidade foi, até certo ponto, escrava da maquinaria, e há algo de trágico no fato de que, assim que a humanidade inventou a máquina para fazer seu trabalho, começou-se a morrer de fome. Isso, no entanto, é obviamente o resultado de nosso sistema de propriedade e de nosso sistema de competição. Um homem possui uma máquina que faz o trabalho de quinhentas pessoas. Quinhentas pessoas são, em consequência, lançadas ao desemprego e, não tendo trabalho para fazer, ficam com fome e começam a roubar. Aquele único homem que retém o produto da máquina e o mantém tem quinhentas vezes mais do que deveria e, provavelmente, o que é muito mais relevante, tem muito mais do que ele realmente quer. Se essa máquina fosse propriedade de todos, todos se beneficiariam dela. Seria uma vantagem imensa para a comunidade. Todo trabalho não intelectual, todo trabalho monótono e enfadonho, que lida com coisas terríveis e envolve condições desagradáveis, deve ser feito por máquinas. As máquinas devem trabalhar para nós nas minas de carvão, fazer todos os serviços sanitários, ser o fomentador de motores a vapor, limpar as ruas, enviar os correios nos dias de chuva e fazer tudo o que for entediante ou angustiante. Atualmente, a máquina compete com o humano. Sob condições adequadas, as máquinas servirão à humanidade. Não há dúvida de que esse é o futuro das máquinas, e assim como as árvores crescem enquanto a gente do campo dorme, enquanto a humanidade se diverte, ou desfruta do ócio cultivado – que é para o que servem as pessoas, não para o trabalho – seja fazendo coisas belas, lendo coisas belas, ou simplesmente contemplando o mundo com admiração e deleite, as máquinas farão todo o trabalho necessário e desagradável. O fato é que a civilização requer escravizados. Os gregos estavam certos a esse respeito. A menos que haja escravizados para fazer o trabalho sujo, horrível e desinteressante, a cultura e a contemplação tornam-se quase impossíveis. A escravização humana é errada, perigosa e desalentadora. Da escravização mecânica da máquina, depende o futuro do mundo. E quando cientistas não tiverem mais que se deslocar até um East End deprimente e distribuir chocolate ruim e cobertores piores ainda para pessoas famintas, eles terão delicioso tempo livre para inventar coisas admiráveis e maravilhosas para sua própria alegria e para a alegria de todo mundo. Haverá grandes quantidades de energia para cada cidade e para cada casa, se necessário, e essa energia será convertida em calor, luz ou movimento, de acordo com suas necessidades. Isso é Utópico? Um mapa do mundo que não inclui a Utopia não vale nem a pena olhar, pois deixa de fora o único país onde a humanidade sempre pousa. E quando a humanidade pousa ali, olha para fora e, vendo um país melhor, zarpa. O progresso é a realização das Utopias.

Bem, eu disse que a comunidade, por meio da organização das máquinas, fornecerá as coisas úteis, e que as coisas belas serão feitas pelo indivíduo. Isso não é apenas necessário, mas é a única maneira possível de se obter uma coisa e outra. Um indivíduo que tem que fazer coisas para o uso alheio, em conformidade com as necessidades e quereres do outro, não trabalha com interesse e, consequentemente, não pode colocar o que tem de melhor em si no trabalho. Por outro lado, sempre que uma comunidade ou um setor poderoso dela, ou um governo de qualquer tipo, tenta ditar ao artista o que ele deve fazer, a Arte ou desaparece de vez, se torna estereotipada, ou degenera em uma forma baixa e ignóbil de fazer. Uma obra de arte é o resultado singular de uma índole singular. Sua beleza vem do fato de quem cria ser quem é. Ela não tem que responder ao fato de que outras pessoas querem o que querem. Na verdade, quando um artista leva em conta o que as outras pessoas querem e tenta atender à demanda, ele deixa de ser um artista e se torna um fazedor chato ou divertido, um comerciante honesto ou desonesto. Ele não tem mais pretensão de ser considerado um artista. A Arte é o modo de Individualismo mais intenso que o mundo já viu. Estou inclinado a dizer que é o único modo real de Individualismo que o mundo já viu. O crime, que, sob certas condições, pode parecer ter criado o Individualismo, é algo que depende da percepção da existência de outras pessoas para que se interfira em suas vidas. Pertence à esfera da ação. Mas sozinho, sem pedir parâmetros ou dar satisfação aos seus vizinhos, sem qualquer interferência, o artista pode fazer algo bonito; e se ele não o faz apenas para seu próprio prazer, ele não é um artista de jeito nenhum.

É de se notar que o fato de a Arte ser essa forma intensa de Individualismo é o que faz com que o público tente exercer sobre ela uma autoridade tão imoral quanto ridícula, e tão corruptora quanto desprezível. Não é exatamente culpa dele. O público sempre, e em todas as épocas, foi mal-educado. As pessoas seguem pedindo à Arte para ser popular, para agradar à falta de gosto delas, para lisonjear sua vaidade absurda, para dizer-lhes o que já foi dito antes, para mostrar-lhes o que elas deveriam estar cansadas de ver, para entreter-lhes quando se sentem cheias depois de ter comido demais e para distrair seus pensamentos quando estão cansadas da própria estupidez. Mas a Arte nunca deve tentar ser popular. O público deve tentar tornar-se artístico. Existe uma grande diferença. Se a uma cientista fosse dito que os resultados de seus experimentos e as conclusões a que chegou deveriam ser de tal natureza que não incomodem as noções populares preconcebidas sobre o assunto, nem incomodem o preconceito popular, nem firam a sensibilidade de pessoas que nada sabem sobre ciência; se a uma filósofa fosse dito que ela teria pleno direito de especular nas mais altas esferas do pensamento, desde que chegausse às mesmas conclusões que foram sustentadas por aqueles que nunca pensaram em esfera nenhuma – bem, a cientista e a filósofa de hoje em dia se espantariam consideravelmente. No entanto, já se passaram alguns anos desde a época em que a filosofia e a ciência eram submetidas ao controle popular brutal, à autoridade – na verdade, à autoridade seja da ignorância geral da comunidade, seja do terror e ganância de poder de uma classe eclesiástica ou governamental. Claro, em grande medida já nos livramos de toda tentativa por parte da comunidade, da Igreja ou do Governo de interferir no Individualismo do pensamento especulativo, mas a tentativa de interferir no Individualismo da arte imaginativa ainda perdura. Na verdade, faz mais do que perdurar; é agressiva, ofensiva e embrutecedora.

Na Inglaterra, as artes que escaparam melhor são as que não interessam ao público. Poesia é um exemplo do que quero dizer. Podemos ter boa poesia na Inglaterra porque o público não a lê e, consequentemente, não a influencia. O público gosta de insultar poetas porque eles são individuais, mas depois do insulto, param de incomodar. No caso do romance e do teatro, artes pelas quais o público se interessa, o resultado do exercício da autoridade popular é absolutamente ridículo. Nenhum país produz uma ficção tão mal escrita, obras tão entediantes e ordinárias na forma de romance, e peças tão imbecis e vulgares como a Inglaterra. A imbecilidade é obrigatória. O padrão popular é de um caráter que nenhum artista pode alcançá-lo. É ao mesmo tempo muito fácil e muito difícil ser um romancista popular. É muito fácil porque as exigências do público no que diz respeito ao enredo, estilo, psicologia, tratamento da vida e da literatura estão ao alcance da capacidade mais mesquinha e da mente mais inculta. É muito difícil porque, para atender a tais requisitos, o artista teria que violentar sua índole, teria que escrever não pelo prazer artístico de escrever, mas para o divertimento de pessoas semieducadas, e para tanto teria que suprimir seu Individualismo, esquecer sua cultura, aniquilar seu estilo e renunciar a tudo o que há de valioso dentro de si. No caso do teatro, as coisas são um pouco melhores: o público que vai ao teatro gosta do óbvio, é verdade, mas não gosta do enfadonho; e a comédia burlesca e a farsesca, as duas formas mais populares, são formas distintas de arte. Uma obra deliciosa pode ser produzida em condições burlescas e farsescas, e nesse tipo de trabalho o artista tem bastante liberdade na Inglaterra. É quando se chega às formas superiores do drama que se vê o resultado do controle popular. A única coisa de que o público não gosta é a novidade. Qualquer tentativa de estender o assunto de que trata a arte desagrada extremamente o público; e, no entanto, a vitalidade e o progresso da arte dependem em grande medida da extensão contínua dos assuntos. O público não gosta da novidade porque tem medo. Ela é, para ele, a representação de um modo de Individualismo, uma afirmação por parte do artista de que ele seleciona seu próprio tema e o trata como deseja. O público tem toda a razão. Arte é Individualismo, e o Individualismo é uma força perturbadora e desagregadora. É aí que está seu imenso valor. Pois o que essa força busca perturbar é a monotonia dos tipos, a escravidão dos costumes, a tirania dos hábitos e a redução da humanidade ao nível de máquina. Na Arte, o público aceita o que já aconteceu porque não pode alterar nada, não porque o aprecie. Engolem os clássicos sem mastigar, nunca os degustam. Suportam-nos como o inevitável e, como não os podem desfigurar, repetem-nos sem saber do que estão falando. Estranhamente, ou não, de acordo com quem vê, esta aceitação dos clássicos é muito danosa. A admiração acrítica da Bíblia e de Shakespeare na Inglaterra é um exemplo do que quero dizer. Quanto à Bíblia, considerações de autoridade eclesiástica entram na matéria, de modo que não preciso me alongar sobre esse assunto. Mas no caso de Shakespeare é bastante óbvio que o público não vê de verdade nem as belezas nem os defeitos de suas peças. Se visse as belezas, não se oporia ao desenvolvimento do teatro; e se visse os defeitos, também não se oporia ao desenvolvimento do teatro. O fato é que o público se vale dos clássicos de um país como forma de verificar o progresso da Arte. Colocam os clássicos na posição degradante de autoridade. Usam-nos como cassetetes para impedir a livre expressão da Beleza em novas formas. Sempre perguntam a um escritor por que ele não escreve como outra pessoa, ou a uma pintora por que não pinta como outra pessoa, completamente alheios ao fato de que, se qualquer um deles fizesse algo desse tipo, deixaria de ser artista. Novas formas de Beleza são, para o público, absolutamente desagradáveis, e sempre que alguma surge, todos ficam tão zangados e aturdidos que acabam usando duas expressões estúpidas – uma é que a obra de arte é ininteligível; a outra, que a obra de arte é imoral. O que querem dizer com essas palavras me parece ser o seguinte: quando dizem que uma obra é grosseiramente ininteligível, querem dizer que o artista disse ou fez uma coisa bonita que é nova; quando descrevem uma obra como grosseiramente imoral, querem dizer que o artista disse ou fez uma coisa bonita que é verdadeira. A primeira expressão faz referência ao estilo; a segunda, ao assunto. Mas eles provavelmente usam as palavras de forma muito vaga, como uma turba comum agarra pedras que já estavam na calçada. Não há ninguém que escreva poesia ou prosa verdadeira neste século, por exemplo, a quem o público britânico não tenha conferido solenemente diplomas de imoralidade. Esses diplomas dados aqui quase equivalem ao que na França seria o reconhecimento formal de uma Academia de Letras e, felizmente, isso torna o estabelecimento de uma instituição semelhante desnecessário na Inglaterra. Claro, o público é muito imprudente no uso da palavra. Que Wordsworth tenha sido chamado de poeta imoral era de se esperar. Wordsworth era poeta. Mas o fato de o público ter chamado Charles Kingsley de romancista imoral é extraordinário[16]. A prosa de Kingsley sequer era boa. Ainda assim, a palavra está aí, e usam-na como conseguem. Artistas, é claro, não se incomodam com isso. Artistas de verdade acreditam absolutamente em si, porque são absolutamente eles mesmos. Mas posso imaginar que, se uma artista produzisse uma obra de arte na Inglaterra que mal viesse a público e já fosse reconhecida, por causa da mídia popular, ou seja, a imprensa, como uma obra muito inteligível e altamente moral, ela começaria a questionar seriamente se em sua criação ela havia sido ela mesma e, consequentemente, se a obra era indigna, de segunda classe ou de valor artístico nulo.

Talvez, contudo, eu tenha me enganado em relação ao público ao limitar seu vocabulário a palavras como "imoral", "ininteligível", "exótico" e "doentio". Há mais uma palavra que ele usa. Essa palavra é "mórbida". Ele não a usa com frequência. O significado da palavra é tão simples que ele tem medo de usá-la. Mesmo assim, às vezes a usa e, de vez em quando, ela é encontrada em jornais populares. É claro que é uma palavra ridícula para se aplicar a uma obra de arte. O que é a morbidez senão um estado emocional ou uma forma de pensamento que não se consegue expressar? O público é todo mórbido, porque o público não consegue encontrar expressão para nada. A artista nunca é mórbida. Ela expressa tudo. Ela se coloca do lado de fora de seu assunto e, usando-o como meio, produz efeitos artísticos incomparáveis. Chamar uma artista de mórbida porque ela lida com o tema da morbidez é tão bobo quanto chamar Shakespeare de louco porque ele escreveu *Rei Lear*.

No geral, artistas na Inglaterra ganham alguma coisa com os ataques. Sua individualidade é intensificada. Torna-se mais completo seu ser artístico. Claro que os ataques são muito grosseiros, muito impertinentes e muito desprezíveis. Mas nenhum artista espera graça da mente vulgar ou estilo do intelecto cafona. Vulgaridade e estupidez são dois fatos muito vívidos da vida moderna. Há quem se arrependa, naturalmente. Mas eis. São objetos de estudo, como todo o resto. E é justo afirmar, em relação aos jornalistas modernos, que sempre se desculpam em particular com alguém pelo que escreveram contra esse alguém em público.

Nos últimos anos, dois outros adjetivos, deve-se mencionar, foram adicionados ao vocabulário muito limitado de xingamentos para a arte à disposição do público. Um é a palavra "doentio", o outro é a palavra "exótico". Este último apenas expressa a raiva do cogumelo efêmero contra a orquídea imortal, fascinante e primorosamente adorável. É uma homenagem, mas uma homenagem sem importância. A palavra "doentio", no entanto, pede análise. É uma palavra bastante interessante. Na verdade, é tão interessante que as pessoas que a usam não sabem o que significa.

O que ela significa? O que é uma obra de arte saudável ou doentia? Todos os termos que alguém aplica a uma obra de arte, desde que os aplique racionalmente, referem-se a seu estilo ou a seu assunto, ou a ambos. Do ponto de vista do estilo, uma obra de arte sadia é aquela cujo estilo reconhece a beleza da matéria que emprega, seja essa matéria palavras ou bronze, cor ou marfim, e usa essa beleza como fator ao produzir efeito estético. Do ponto de vista do assunto, uma obra de arte sadia é aquela cuja escolha de tema é condicionada pela índole da artista e vem diretamente dela. Em suma, uma obra de arte saudável é aquela que tem perfeição e personalidade. Forma e substância não podem ser separadas em uma obra de arte, é claro; elas são sempre uma só coisa. Mas, para fins de análise, e deixando de lado a totalidade da impressão estética por um momento, podemos separá-las intelectualmente. Uma obra de arte doentia, por outro lado, é uma obra cujo estilo é óbvio, antiquado e comum, cujo tema é escolhido deliberadamente, não porque dá ao artista algum prazer, mas porque ele acha que o público vai pagar pela obra. Na verdade, o romance popular que o público chama de saudável é sempre uma produção absolutamente doentia; e o que o público chama de romance doentio é sempre uma bela e saudável obra de arte.

Nem preciso dizer que não estou, nem por um único momento, reclamando que o público e a imprensa fazem mau uso dessas palavras. Não vejo como, com sua falta de compreensão do que é Arte, eles poderiam usá-las no sentido adequado. Estou meramente apontando o uso indevido; e quanto à origem do uso indevido e o significado que está por trás de tudo, a explicação é muito simples. Vem da concepção bárbara de autoridade. Vem da incapacidade natural de uma comunidade corrompida pela autoridade de compreender ou apreciar o Individualismo. Em suma, vem daquela coisa monstruosa e ignorante que se chama Opinião Pública, que, mal ou bem-intencionada quando tenta controlar a ação, é infame e cheia de má-fé quando tenta controlar o Pensamento ou a Arte.

Na verdade, há muito mais a ser dito a favor da força física do público do que a favor da opinião pública. A primeira pode ser boa. A última só pode ser idiota. Costuma-se dizer que força não é argumento. Isso, no entanto, depende inteiramente do que se quer provar. Muitos dos problemas mais importantes dos últimos séculos, como a continuidade do poder absolutista na Inglaterra ou do feudalismo na França, foram resolvidos inteiramente por meio da força física. A própria violência de uma revolução pode tornar o público grandioso e esplêndido por um momento. Foi um dia fatal quando o público descobriu que a caneta é mais poderosa do que a pedra da calçada e pode ser tão ofensiva quanto uma pilha de tijolos. Ele imediatamente procurou o jornalista, encontrou-o, desenvolveu-o e fez dele seu dedicado e bem pago servo. É lamentável para todos os envolvidos.

Atrás da barricada pode haver muito de nobre e heroico. Mas o que há por trás do artigo principal senão preconceito, estupidez, hipocrisia e tagarelice? E quando esses quatro se unem, formam uma força terrível e constituem a nova autoridade.

Nos velhos tempos, os seres-humanos tinham o porrete. Agora têm a imprensa. Uma melhora, decerto. Mesmo assim, é tudo muito ruim, errado e desalentador. Alguém – foi Burke? – chamou o jornalismo de quarto Estado. Era verdade na época, sem dúvida. Mas, no presente, ele é o único Estado. Devorou os outros três. Os Lordes Temporais não dizem nada, os Lordes Espirituais nada têm a dizer e a Câmara dos Comuns nada tem a dizer e é isso o que diz[17]. Somos dominados pelo jornalismo. Nos Estados Unidos da América, o presidente reina por quatro anos e o jornalismo governa para todo o sempre. Felizmente, lá, o jornalismo levou sua autoridade ao mais grosseiro e brutal extremo. Como consequência natural, começou a criar um espírito de revolta. As pessoas se divertem ou se enojam, de acordo com suas índoles. Mas ele não é mais a verdadeira força que era. Não é tratado seriamente. Na Inglaterra, o jornalismo, exceto em alguns casos bem conhecidos, não foi levado a tais excessos de brutalidade, e ainda é uma força importante, um poder notável. A tirania que se propõe a exercer sobre a vida privada das pessoas parece-me bastante extraordinária. O fato é que o público tem uma curiosidade insaciável de saber tudo, menos o que vale a pena saber. O jornalismo, consciente disso e com hábitos de comerciante, supre a demanda. Séculos antes do nosso, o público pregava as orelhas dos jornalistas na praça. Era horrível. Neste século, os jornalistas pregam suas próprias orelhas em volta do buraco da fechadura. Isso é muito pior. E o que agrava o mal é que os jornalistas mais culpados não são os jornalistas divertidos que escrevem para as colunas sociais. O mal é causado pelos jornalistas sérios, atenciosos, zelosos, que solenemente, como estão fazendo agora, arrastam aos olhos do público algum incidente na vida privada de grandes estadistas, de líderes de pensamento político, porque estadistas criam força política. Os jornalistas convidam o público a discutir o incidente, a exercer autoridade sobre o assunto, a dar seu ponto de vista, e não apenas para isso, mas para colocá-lo em ação, para ditar a quem chefia o Estado o que fazer sobre todos os assuntos, para ditar ao seu partido, para ditar ao seu país; na verdade, para se tornar ridículo, ofensivo e nocivo. A vida privada de homens e mulheres não deve ser divulgada ao público. O público não tem nada a ver com isso. Na França, administra-se melhor essas coisas. Lá, não se permite que detalhes dos julgamentos que ocorrem nos tribunais de divórcio sejam publicados para divertimento ou crítica do público. Tudo o que o público está autorizado a saber é que o divórcio ocorreu e foi concedido a pedido de uma, de outra, ou de ambas as partes envolvidas. Na França, de fato, limita-se o jornalista e permite-se ao artista uma liberdade quase perfeita. Aqui, permitimos liberdade absoluta ao jornalista e limitamos completamente o artista. A opinião pública inglesa, por assim dizer, tenta restringir, impedir e distorcer a pessoa que faz coisas que são bonitas de fato e obriga o jornalista a vender coisas que são feias, asquerosas ou aviltantes, de modo que temos os jornalistas mais sérios do mundo e os jornais mais indecentes. Não é exagero falar de compulsão. É possível que haja jornalistas que têm verdadeiro prazer em publicar coisas horríveis, ou que, sendo pobres, veem os escândalos como uma espécie de fonte permanente de renda. Mas há jornalistas diferentes, tenho certeza, pessoas de educação e cultura, que não gostam de publicar essas coisas, que sabem que é errado fazê-lo, e só o fazem porque as condições insalubres em que sua ocupação é exercida os obrigam a fornecer ao público o que o público quer e competir com outros jornalistas para tornar esse fornecimento o mais completo e satisfatório possível ao rústico apetite popular. É uma posição muito degradante para qualquer grupo de pessoas educadas, e não tenho dúvida de que a maioria delas sente isso de forma aguda.

No entanto, deixemos esse aspecto muito sórdido do assunto e voltemos à questão do controle popular em matéria de Arte, ou seja, a Opinião Pública ditando à artista a forma que ela deve usar, o modo como deve usá-la e os materiais com os quais ela deve trabalhar. Já salientei que as artes que melhor escaparam na Inglaterra são aquelas pelas quais o público não está interessado. No entanto, o público se interessa por teatro, e como um certo avanço foi feito nas artes dramáticas nos últimos dez ou quinze anos, é importante ressaltar que esse avanço se deve inteiramente à recusa de artistas individuais em aceitar a falta de gosto generalizada como padrão e à recusa a considerar a Arte como uma mera questão de oferta e procura. Com sua personalidade maravilhosa e vivaz, com um estilo carregado de elementos fortes de sinceridade, com seu extraordinário poder, não sobre a mera imitação, mas sobre a criação imaginativa e intelectual, o Sr. Irving tinha como único objetivo dar ao público o que ele queria. Poderia ter produzido as peças mais ordinárias da maneira mais ordinária e feito todo sucesso e dinheiro que desejasse. Mas seu objetivo não era esse. Seu objetivo era realizar sua própria perfeição como artista, sob certas condições e em certas formas de Arte. No início, ele apelou para poucos: agora, ele educou muitos. Ele criou no público gosto e índole. O público aprecia seu sucesso artístico imensamente. Muitas vezes me pergunto, no entanto, se o público entende que esse sucesso se deve inteiramente ao fato de que o autor não aceitou outro padrão, mas realizou o seu próprio. Com o padrão do público, o Lyceum teria sido uma espécie de espelunca de segunda categoria, como alguns dos teatros populares de Londres são hoje em dia.[18] Quer o público compreenda ou não, permanece o fato de que gosto e índole foram, até certo ponto, criados nele, e que o público é capaz de desenvolver essas qualidades. O problema então é: por que o público não se torna mais civilizado? Ele tem essa capacidade. O que o impede?

O que o impede, é preciso repetir, é o desejo de exercer autoridade sobre o artista e sobre as obras de arte. A alguns teatros, como o Lyceum e o Haymarket, o público parece vir de bom humor. Em ambos houve artistas individuais, que obtiveram sucesso ao criar em seu público – e cada teatro em Londres tem sua própria audiência – a índole à qual a Arte apela. E que índole é essa? É a índole da receptividade. Só isso.

Se alguém aborda uma obra de arte com o desejo de exercer autoridade sobre ela e sobre o artista, aborda-a com um espírito que não pode receber dela nenhuma impressão artística. A obra de arte deve dominar o espectador: o espectador não deve dominar a obra de arte. O espectador deve ser receptivo. Ele deve ser o violino no qual o mestre tocará. E quanto mais completamente ele puder suprimir suas próprias visões insensatas, seus próprios preconceitos insensatos, suas próprias ideias absurdas do que a Arte deveria ou não deveria ser, maiores são as chances de ele compreender e apreciar a obra de arte em questão. Isso é bastante óbvio no caso do público vulgar de homens e mulheres inglesas que vai ao teatro. Mas é igualmente verdadeiro para as chamadas pessoas educadas. Pois as ideias de Arte de uma pessoa educada são tiradas naturalmente do que a Arte é, ao passo que a nova obra de arte é bela por ser o que a Arte nunca foi; e medi-la pelo padrão do passado é medi-la por um padrão de cuja rejeição depende sua perfeição real. Uma índole capaz de receber, através de meios imaginativos e sob condições imaginativas, novas e belas impressões é a única índole que pode apreciar uma obra de arte. Se isso é verdadeiro no caso da apreciação da escultura e da pintura, é ainda mais verdadeiro no caso da apreciação de artes como o teatro. Pois um quadro e uma estátua não estão em guerra com o Tempo. Eles não levam em conta sua sucessão. Em um instante, a unidade pode ser apreendida. O caso da literatura é diferente. O tempo deve ser percorrido antes que a unidade de efeito se complete. Assim, no teatro, pode ocorrer no primeiro ato da peça algo cujo real valor artístico só será evidente para o espectador quando o terceiro ou quarto ato for alcançado. O idiota deve sentir raiva e gritar, perturbar a peça e irritar os artistas? Não. A pessoa honesta deve sentar-se em silêncio e conhecer as emoções deliciosas de admiração, curiosidade e suspense. Ela não deve ir à peça para vulgarmente perder a cabeça, mas para perceber sua índole artística. Deve ir à peça para adquirir alguma índole artística. Ela não é a árbitra da obra de arte. É aquela que se permite contemplá-la e, se a obra for bela, esquecer em sua contemplação o egoísmo que a estraga – o egoísmo de sua ignorância, ou o egoísmo de seu conhecimento. Esse aspecto do teatro raras vezes é, creio eu, objeto de reconhecimento suficiente. Entendo perfeitamente, que se *Macbeth* fosse encenada pela primeira vez diante de um público moderno de Londres, muitas das pessoas presentes objetariam forte e vigorosamente à introdução das bruxas no primeiro ato, com suas frases grotescas e suas palavras ridículas. Mas quando a peça acaba, percebe-se que o riso das bruxas em *Macbeth* é tão terrível quanto o riso da loucura em *Lear*, mais terrível do que o riso de Iago na tragédia do Mouro. Nenhum espectador de Arte precisa de um clima de receptividade mais perfeito do que o espectador de uma peça. No momento em que procura exercer autoridade, torna-se inimigo declarado da Arte e de si mesmo. Mas a Arte não se incomoda. Quem sofre é ele.

Com o romance é a mesma coisa. A autoridade popular e o reconhecimento dela são fatais. *Esmond*, de Thackeray[19], é uma bela obra de arte porque ele a escreveu para agradar a si mesmo. Em seus outros romances, em *Pendennis*, em *Philip* e até mesmo em *Vanity Fair*, ele é consciente demais do público às vezes, e estraga seu trabalho apelando diretamente para a simpatia do público, ou zombando diretamente dele. Um verdadeiro artista não liga para o público. O público é inexistente para ele. Ele não tem bolinhos de chuva para alimentar o monstro. Ele deixa isso para o romancista popular. Temos um romancista incomparável agora na Inglaterra, o Sr. George Meredith[20]. Há artistas melhores na França, mas a França não tem ninguém cujo entendimento da vida seja tão amplo, tão variado e imaginativamente verdadeiro. Há contadores de histórias na Rússia que têm um senso mais vívido do que pode ser a dor da ficção. Mas a Meredith pertence a filosofia na ficção. Suas personagens não são apenas vivas, mas pensam vivamente. Pode-se vê-las de uma miríade de pontos de vista. São sugestivas. Há alma nelas e ao redor delas. São interpretativas e simbólicas. E aquele que a fez, aquelas maravilhosas figuras que se movem rapidamente, as fez para seu próprio prazer e nunca perguntou ao público o que ele queria, nunca se importou em saber o que ele queria, nunca permitiu que o público lhe ditasse ou o influenciasse em hipótese alguma, mas seguiu intensificando sua própria personalidade e produzindo seu trabalho individual. No início, ninguém o buscou. Mas não importava. Então, alguns poucos o buscaram. Ele não mudou. Muitos o buscam agora. Ele ainda é o mesmo. Ele é um romancista incomparável. Com as artes decorativas não é diferente. O público se apegou com tenacidade patética ao que acredito serem as tradições diretas da Grande Exposição da Vulgaridade Internacional[21], tradições que eram tão pavorosas que as casas em que as pessoas moravam só serviam para cegos morarem. Coisas belas começaram a ser feitas, cores bonitas saíram da mão do tintureiro, estampas bonitas do cérebro da artista, e o uso delas teve seu valor e importância demonstrados. O público se indignou muito. Perdeu a cabeça. Falou bobagem. Ninguém se importou. Ninguém se sentiu mal. Ninguém aceitou a autoridade da opinião pública. E agora é quase impossível entrar em qualquer casa moderna sem ver um pouco de aceitação do bom gosto e do valor que têm os belos arredores, algum sinal de apreciação da beleza. Na verdade, as casas das pessoas são, no geral, bastante charmosas hoje em dia. As pessoas se civilizaram bastante. É justo afirmar, entretanto, que o extraordinário sucesso da revolução na decoração de casas, móveis e similares não se deveu na realidade ao fato de a maioria do público ter desenvolvido um gosto muito apurado para essas questões. Deveu-se principalmente ao fato de que os artesãos desfrutaram tanto do prazer de fazer coisas belas e, com isso, despertaram para uma consciência tão vívida do horror e da vulgaridade do que o público anteriormente queria, que despertou por sua vez o apetite do público por esses objetos. Seria impossível, hoje, mobiliar um cômodo como há alguns anos sem precisar recorrer a algum leilão de móveis usados por alguma pensão de terceira categoria. Essas coisas não são mais fabricadas. Por menos que queiram, as pessoas hoje em dia devem ter algum objeto encantador ao seu redor. Felizmente para eles, sua suposta autoridade nessas questões de arte morreu.

É evidente, então, que toda autoridade sobre esses assuntos é ruim. As pessoas às vezes perguntam que forma de governo é a melhor para a vida das artistas. Há apenas uma resposta. A forma de governo mais adequada é não ter governo algum. A autoridade sobre artistas e sua arte é ridícula. Afirmou-se que, sob regimes despóticos, os artistas produziram belas obras. Não é bem assim. Os artistas visitaram déspotas não como sujeitos a serem tiranizados, mas como fazedores de maravilhas errantes, como personalidades vagabundas fascinantes, para serem entretidos, encantados deixados em paz para criar. Deve-se dizer isso em favor do déspota: ele, sendo um indivíduo, pode ter cultura, enquanto a turba, sendo um monstro, não tem. Um Imperador ou uma Rainha pode se curvar para pegar um pincel e devolvê-lo ao pintor, mas quando a democracia se curva é apenas para jogar lama. E ainda assim a democracia nunca se curvou, como o Imperador. Na verdade, quando quer jogar lama, não precisa se curvar. Mas não há necessidade de separar o monarca da turba; toda autoridade é igualmente ruim.

Há três tipos de déspotas. Há o déspota que tiraniza o corpo. Há o déspota que tiraniza a alma. E há o déspota que tiraniza tanto o corpo quanto a alma. O primeiro é chamado de Príncipe. O segundo é chamado de Papa. O terceiro é chamado de Povo. O Príncipe pode ser refinado. Muitos Príncipes foram. No entanto, no Príncipe existe perigo. Pensa-se em Dante no banquete amargo em Verona, em Tasso na cela do louco de Ferrara[22]. É melhor para o artista não viver com Príncipes. O Papa pode ser refinado. Muitos Papas foram; os maus Papas foram. Os maus Papas amavam a Beleza, quase tão apaixonadamente, ou melhor, com tanta paixão quanto os bons Papas odiavam o Pensamento. À maldade do Papado, a humanidade deve muito. Já a bondade do Papado tem uma dívida terrível com a humanidade. Ainda assim, embora o Vaticano tenha mantido sua retórica de trovões, mas perdido a haste do raio, é melhor para o artista não viver com Papas. Foi um Papa quem disse de Cellini a um conclave de cardeais que as leis e a autoridade ordinárias não foram feitas para homens como ele; mas foi um Papa que lançou Cellini na prisão, e o manteve lá até que ele adoeceu de raiva e criou visões irreais para si mesmo, viu o sol dourado entrar em seu quarto e ficou tão enamorado dele que tentou escapar, e rastejou de torre em torre, caindo pelo ar vertiginoso ao amanhecer, mutilou-se, e foi por um vinhateiro coberto com folhas de videira e carregado em uma carroça até alguém que, amante das coisas belas, cuidou dele[23]. Existe perigo nos Papas. E quanto ao Povo, o que dizer dele e de sua autoridade? Talvez já se tenha falado o suficiente sobre isso. Sua autoridade é uma coisa cega, surda, hedionda, grotesca, trágica, cômica, séria e obscena. É impossível para o artista conviver com o Povo. Todos os déspotas subornam. O Povo suborna e brutaliza.

Quem lhe pediu para exercer autoridade? Ele foi feito para viver, ouvir e amar. Alguém enganou o Povo. Ele se arruinou pela imitação de seus inferiores. Ele tomou o cetro do Príncipe. Como usá-lo? Tomou a tiara do Papa. Como carregar seu fardo? Ele é como um palhaço cujo coração está partido. Ele é como um pregador cuja alma ainda não nasceu. Que todos os que amam a Beleza tenham piedade dele. Embora o próprio Povo não ame a Beleza, deixem que ele tenha pena de si mesmo. Quem lhe ensinou o truque da tirania?

Há muitas outras coisas que se pode apontar. Pode-se apontar como o Renascimento foi ótimo, porque não procurou resolver nenhum problema social e não se ocupou com essas coisas, mas permitiu que o indivíduo se desenvolvesse de forma livre, bela e natural, e assim teve grandes artistas individuais, grandes mulheres e homens individuais. Pode-se apontar como Luís XIV, ao criar o Estado moderno, destruiu o individualismo do artista, e tornou as coisas monstruosas pela repetição monótona e desprezíveis pela conformidade com o governo, destruiu em toda a França as refinadas liberdades de expressão que renovaram a tradição com a beleza e criaram novos modos a partir das formas antigas. Mas o passado não tem importância. O presente não tem importância. É com o futuro que temos que lidar. Pois o passado é o que o homem não deveria ter sido. O presente é o que o homem não deve ser. O futuro é o que os artistas são.

É evidente que dirão que o esquema apresentado aqui não é prático e vai contra a natureza humana. É verdade. Não é prático e vai contra a natureza humana. É por isso que vale a pena realizá-lo e por isso que é proposto. Pois o que é um esquema prático? Um esquema prático é um esquema que já existe ou que poderia ser executado nas condições vigentes. Mas é exatamente a elas que este esquema se opõe; e qualquer proposta que aceite essas condições está errada e é tola. Essas condições serão destruídas e a natureza humana vai mudar. A única coisa que realmente sabemos sobre a natureza humana é que ela muda. Mudança é a única qualidade que podemos atribuir a ela. Os sistemas que falham são aqueles que dependem da permanência da natureza humana, e não de seu crescimento e desenvolvimento. O erro de Luís XIV foi achar que a natureza humana seria sempre a mesma. O resultado deste erro foi a Revolução Francesa. Foi um resultado admirável. Todos os resultados dos erros governamentais são muito admiráveis.

Deve-se notar também que o Individualismo não chega às pessoas com nenhuma afirmação doentia a respeito da obrigação, que significa apenas fazer o que as outras pessoas querem porque elas querem; ou qualquer cantilena hedionda sobre autossacrifício, que é meramente a sobrevivência da mutilação selvagem. Na verdade, não chega a nenhuma pessoa qualquer reivindicação sobre ela. O Individualismo vem natural e inevitavelmente dos humanos. É o ponto para o qual converge todo desenvolvimento. É a diferenciação para a qual todos os organismos crescem. É a perfeição inerente a cada modo de vida e para a qual cada modo de vida se dirige. E assim o Individualismo não exerce nenhuma compulsão sobre ninguém. Pelo contrário, diz a todo mundo que não se deve deixar exercer compulsão alguma sobre si. Não tenta forçar as pessoas a serem boas. Ele sabe que as pessoas são boas quando são deixadas em paz. A humanidade desenvolverá ele a partir de si mesma. A humanidade agora mesmo está se desenvolvendo para o Individualismo. Perguntar se o Individualismo é prático é como perguntar se a Evolução é prática. A Evolução é a lei da vida, e não há evolução exceto em direção ao Individualismo. Onde essa tendência não é expressa, o que se vê é crescimento interrompido artificialmente, por doença ou morte.

O Individualismo também será altruísta e sem afetações. Já se disse que um dos resultados da tirania extraordinária da autoridade é que as palavras acabam absolutamente distorcidas de seu significado próprio e simples, sendo usadas para expressar o anverso de seu significado correto. O que é verdade sobre a Arte é verdade sobre a Vida. Chama-se de afetada, hoje em dia, a pessoa que se veste como gosta de se vestir. Mas essa pessoa, ao fazer isso, está agindo de maneira perfeitamente natural. A afetação, nessa matéria, consiste em vestir-se de acordo com a opinião do próximo, que, por ser a mesma da maioria, provavelmente será muito estúpida. Ou então a pessoa é considerada egoísta, se vive da maneira que lhe parece mais adequada para a plena realização da própria personalidade; se, de fato, o objetivo principal de sua vida é o autodesenvolvimento. Mas é assim que todos devem viver. Egoísmo não é alguém viver como deseja, mas que alguém peça aos outros que vivam como ele ou ela quer que vivam. E altruísmo é deixar a vida de outras pessoas em paz, não se intrometer nela. O egoísmo sempre visa criar em torno de si uma uniformidade absoluta de tipo. O altruísmo reconhece a variedade infinita de tipos como algo delicioso, aceita-os, aquiesce com eles, desfruta-os. Não é egoísmo pensar por si mesmo. Quem não pensa por si mesmo, não pensa e só. É rudemente egoísta exigir de outra pessoa que pense da mesma maneira e tenha as mesmas opiniões. Por que deveria? Se ela pode pensar, provavelmente pensará de forma diferente. Se não consegue pensar, é monstruoso exigir dela qualquer tipo de pensamento. Uma rosa vermelha não é egoísta porque quer ser uma rosa vermelha. Seria terrivelmente egoísta se quisesse que todas as outras flores do jardim fossem vermelhas e rosas. Sob o Individualismo, as pessoas serão bastante naturais e totalmente altruístas, conhecerão o significado das palavras e as compreenderão em suas vidas belas e livres. Nem haverá egoístas como agora. Pois o egoísta é aquele que faz reivindicações sobre os outros, e o Individualista não deseja fazer isso. Não seria prazeroso. Quando a humanidade chegar ao Individualismo, também entenderá o que é a simpatia e a exercitará livre e espontaneamente. Até o presente, ela foi pouco cultivada. Há simpatia com a dor, e essa não é a forma mais elevada de simpatia. Toda simpatia é boa, mas simpatia com o sofrimento é o modo menos adequado. Está manchada de egoísmo. Pode se tornar mórbida. Há nela um certo elemento de terror pela nossa própria segurança. Ficamos com medo de que podemos ser como o leproso ou como o cego, e de que ninguém cuidará de nós. É curiosamente limitante também. Deve-se simpatizar com a totalidade da vida, não apenas com as feridas e enfermidades dela, mas com a alegria, beleza, energia, saúde e liberdade. Quanto mais ampla a simpatia, é claro, mais difícil exercitá-la. Requer mais altruísmo. Qualquer um pode simpatizar com o sofrimento de um amigo, mas é preciso uma natureza muito sutil – é preciso, na realidade, da verdadeira natureza Individualista – para simpatizar com o sucesso de um amigo.

No estresse moderno de competição e luta por espaço, tal simpatia é naturalmente rara, sufocada como é pelo ideal imoral de uniformidade de tipo e conformidade com as regras que prevalece em qualquer lugar, e talvez seja ainda mais desagradável na Inglaterra.

Simpatia com a dor sempre existirá, é claro. É um dos primeiros instintos humanos. Os animais individuais, isto é, os animais superiores, compartilham esse instinto conosco. Mas é preciso lembrar que enquanto a simpatia com a alegria intensifica a soma de alegria no mundo, a simpatia com a dor não diminui a quantidade de dor. Pode tornar as pessoas mais capazes de suportar o mal, mas o mal permanece. Simpatia com o decaimento não cura o decaimento; é a Ciência quem o cura. E quando o Socialismo tiver resolvido o problema da pobreza e a Ciência tiver resolvido o problema da doença, o espaço para os sentimentalistas será reduzido e a simpatia geral será grande, saudável e espontânea. A humanidade terá alegria na contemplação da vida alegre dos outros.

Porque é pela alegria que o Individualismo do futuro vai se desenvolver. Cristo não fez nenhuma tentativa de reconstruir a sociedade e, por consequência, o Individualismo que ele pregou só poderia ser alcançado na dor ou na solidão. Os ideais que devemos a Cristo são os ideais de quem abandona sociedade ou resiste à sociedade completamente. Mas o homem é social por natureza. Até a Tebaida[24] finalmente foi povoada. E embora o cenobita[25] perceba sua personalidade, muitas vezes é uma personalidade empobrecida a que ele percebe. Por outro lado, a terrível verdade de que a dor é um dos modos pelos quais o humano pode se realizar exerce um fascínio magnífico pelo mundo. Oradores superficiais e pensadores superficiais sobre os púlpitos e palanques por vezes falam muito sobre a adoração do prazer mundano e se queixam dela. Mas raramente na história do mundo o ideal foi de alegria e beleza. A adoração da dor tem dominado o mundo com muito mais frequência. O Medievalismo, com seus santos e mártires, seu amor à autotortura, sua paixão selvagem pela autoflagelação, seus cortes com facas e seus açoites com varas – o Medievalismo é o verdadeiro Cristianismo, e o Cristo medieval é o verdadeiro Cristo. Quando a Renascença despontou e trouxe consigo os novos ideais da beleza da vida e da alegria de viver, ninguém compreendia mais a Cristo. Até a Arte nos mostra que não. Os pintores da Renascença desenharam Cristo como um menino brincando com outro num palácio ou num jardim, ou deitado nos braços da mãe, sorrindo para ela, para uma flor ou para um pássaro brilhante; ou como uma figura nobre e imponente movendo-se solene pelo mundo; ou como uma figura fantástica erguendo-se em uma espécie de êxtase da morte para a vida. Mesmo quando o desenharam crucificado, eles o fizeram como um belo Deus a quem os homens maus infligiram sofrimento. Mas Cristo não os preocupava muito. O que os deslumbrou foi pintar os homens e mulheres que admiravam e mostrar o encanto desta terra graciosa. Pintaram muitos quadros religiosos – na verdade, pintaram quadros religiosos demais, e a monotonia do tipo e do motivo foi enfadonha e ruim para a Arte. Foi o resultado da autoridade do público em questões de Arte e deve ser deplorado. Nesses casos, os pintores não entravam com a alma na matéria. Rafael era um grande artista quando pintou seu retrato do Papa. Quando pintou suas Madonas e os meninos Jesus, já não era tão grande como artista. Cristo não tinha nada a dizer para a Renascença, o que foi maravilhoso, porque a Renascença trouxe consigo um ideal em desacordo com o de Cristo, e, para encontrar a representação do verdadeiro Cristo, devemos recorrer à arte medieval. Lá ele está mutilado e desfigurado; não é bonito de olhar, porque a Beleza é uma alegria; não veste roupas formosas, porque isso também pode ser uma alegria: ele é um mendigo que tem uma alma maravilhosa; ele é um leproso cuja alma é divina; ele não precisa de propriedade nem de saúde; ele é um Deus realizando sua perfeição por meio da dor.

A evolução humana é lenta. A injustiça humana é grande. Era necessário que a dor fosse apresentada como um modo de realização de si mesmo. Mesmo hoje, em alguns lugares do mundo, a mensagem de Cristo é necessária. Ninguém que viveu na Rússia moderna poderia realizar sua perfeição, exceto pela dor. Alguns artistas russos se realizaram na Arte; numa ficção de caráter medieval, porque sua nota dominante é a realização do homem por meio do sofrimento. Mas para aqueles que não são artistas, e para os quais não há modo de vida senão a vida real de fato, a dor é a única porta para a perfeição. Um russo que vive feliz sob o atual sistema de governo de seu país deve acreditar que a alma não existe ou que, se existir, não vale a pena desenvolvê-la. Um niilista que rejeita toda autoridade, porque sabe que a autoridade é má e acolhe toda a dor, porque através disso realiza sua personalidade, é um verdadeiro cristão. Para ele, o ideal cristão é algo verdadeiro.

E, no entanto, Cristo não se revoltou contra a autoridade. Ele aceitou a autoridade do Império Romano e pagou seus tributos. Ele suportou a autoridade eclesiástica da Igreja Judaica e não repeliu sua violência com nenhuma violência própria. Ele não tinha, como eu disse antes, nenhum plano de reconstrução para a sociedade. Mas o mundo moderno tem seus esquemas. O mundo moderno se propõe a acabar com a pobreza e o sofrimento que ele mesmo causa. Ele deseja se livrar da dor e do sofrimento que a dor causa. Confia no Socialismo e na Ciência como seus métodos. O que busca é um Individualismo que se expresse através da alegria. Esse Individualismo será maior, mais completo e mais gracioso do que qualquer Individualismo jamais foi. A dor não é o modo final de perfeição. É meramente provisória e é um protesto. Está ligada a ambientes errados, insalubres e injustos. Quando o mal, a doença e a injustiça forem removidas, não haverá mais lugar para a dor. Ela terá feito seu trabalho. Foi um ótimo trabalho, mas está quase terminando. Sua esfera encolhe a cada dia.

A humanidade não sentirá sua falta. Porque o que ela buscou não é, de fato, nem dor, nem prazer, mas simplesmente Vida. As pessoas procuram viver de forma intensa, plena e perfeita. Quando puderem fazê-lo sem exercer controle sobre os outros, ou sem nunca sofrer controle, e todas as suas atividades forem agradáveis, elas serão mais sensatas, saudáveis, civilizadas e mais elas mesmas. O prazer é a medida da natureza, seu sinal de aprovação. Quando se está feliz, está-se em harmonia consigo mesmo e com o ambiente. O novo Individualismo, a serviço do qual o Socialismo, queira ou não, está trabalhando, será a harmonia perfeita. Será o que os gregos buscaram, mas não puderam, exceto em pensamento, realizar completamente, porque eles tinham escravizados e os alimentavam; será o que a Renascença buscou, mas não pôde realizar completamente exceto na Arte, porque eles tinham escravizados e os mataram de fome. O Individualismo será completo e, por meio dele, cada mulher e cada homem alcançará a perfeição. O novo Individualismo é o novo Helenismo.

NOTAS
Hugo Lorenzetti Neto

1   Oscar Wilde toma como exemplos o naturalista, geólogo e biólogo Charles Darwin, autor de *A origem das espécies*, obra transformadora não só em seu campo mas em toda a forma de se ver o mundo no pensamento ocidental; John Keats, poeta da segunda geração romântica, cujo trabalho esteve associado criticamente à poesia de Percy Shelley e Lord Byron; Ernest Renan (M. Renan), filósofo e orientalista, autor de *Vida de Jesus*, fundamental para a visão wildeana do Cristianismo; e Gustave Flaubert, romancista, autor de *Madame Bovary* e um dos principais escritores realistas franceses. O que une esses artistas é o fato de que conseguiram, ao menos durante parte de sua vida e por motivos variados, isolamento social que lhes propiciou produzir ciência, literatura e filosofia sem serem incomodados diretamente pelas dinâmicas da sociedade capitalista. Trata-se de uma visão romântica e diletante sobre as condições de produção de arte, mas que não deixa de ter fundamento, considerada a própria experiência de vida de Oscar Wilde.

2   Alusão à alegoria mais célebre de Platão, formulada no livro VII d'*A República*, ordinariamente chamada de Mito da Caverna. Neste ensaio, Wilde parece implicar que artistas que conseguem se isolar das demandas da vida no capitalismo – a vida para e pelos outros – estão do lado de fora da caverna, ou seja, no mundo real das ideias, livres do sofrimento e das distorções provocadas pela vida comum.

3   East End, ou East End of London, ou seja, o limite leste da zona leste de Londres, é uma área da cidade cujas fronteiras imprecisas são o rio Tâmisa ao Sul, o rio Lea a leste e a área de Aldgate a oeste – sem fronteira definida para o norte. O povoamento se iniciou do lado de fora das muralhas romanas e medievais da cidade, e se acelerou consideravelmente no século XIX, em decorrência da industrialização. A região sempre foi marcada por profunda pobreza e mantém ainda hoje subdistritos que estão entre as áreas mais pobres de toda a Inglaterra. As condições de extrema miséria na proximidade de com uma Londres próspera e urbana fizeram surgir lideranças e movimentos sociais muito influentes, como o início do ativismo LGBTQIA+ na Inglaterra. A região possui características culturais únicas, cujos contornos nascem do próprio enfrentamento da injustiça social. Entre as diversas manifestações, a identidade Cockney é das mais influentes na cultura londrina, com seu sotaque característico (tema de obras como *Pigmalião*, de George Bernard Shaw, adaptada para teatro e cinema como o musical *My fair lady*) e sua associação ao operariado urbano.

4   A escolha de "realizar"/"realização" ao longo desta tradução se deve ao desejo de manter a proximidade com a raiz "real", que implica não só a característica do que é verdadeiro, mas também do que é materializado e existe concreta e integralmente. Assim, "realizar a personalidade" seria um movimento de concretização – de tornar reais – de todos os desejos e potenciais humanos, algo possível em um mundo sem pobreza e, para que assim seja, sem propriedade privada.

5   A constatação desconsidera os diversos agentes negros e escravizados da luta contra a escravização não só nos Estados Unidos, mas em todo o mundo. O entendimento da centralidade da ação negra na luta contra a escravização é um importante processo de transformação epistemológica e de reescrita do passado que vem se acelerando desde a segunda metade do século XX, com a acumulação das vitórias dessa luta.

6   A Guerra da Vendeia, um departamento francês na região do vale do rio Loire, foi uma guerra civil e movimento contrarrevolucio-

nário ocorrido na França entre 1793 e 1796 que começou como uma revolta camponesa. O levante contra o alistamento militar obrigatório imposto pelo governo republicano revolucionário foi logo ampliado para uma revolta contra a burguesia parisiense e o governo secular. As razões para a adesão das classes subalternizadas à contrarrevolução variam muito de acordo com os interesses de diversos subgrupos, mas é comum a simplificação do confronto – algo que não ocorre apenas com a Guerra da Vendeia – para a fórmula campo versus cidade, tradição versus cosmopolitismo, ruralistas versus burgueses. O departamento da Vendeia, neste início de século, tem sua economia ainda baseada em produção agrícola e agroindústria, e se mostra alinhado politicamente à direita liberal.

7   Wilde evoca novamente artistas cuja situação material permitia o livre exercício da criação. Aqui, escolhe os poetas românticos ingleses Percy Shelley e Lord Byron, o romancista francês Victor Hugo e o poeta francês Charles Baudelaire.

8   A tradução evitou usar "criatividade" e derivados como sinônimo de "imaginação", uma vez que Wilde usa *"creativity"* e *"create"* especificamente para falar do gesto artístico e da feitura do objeto de arte. "Imaginação", no contexto do ensaio, inclui o gesto, mas também a concepção de si como indivíduo e do entorno em prol dessa individualidade.

9   Theodor Mommsen (1817–1903), historiador alemão, ganhador do Prêmio Nobel da Literatura de 1902 por ser, segundo a Academia Sueca, "o maior mestre da arte da escrita da História vivo". A Academia, na premiação, menciona especificamente o trabalho *História de Roma*, publicado entre 1854 e 1856 em três volumes. Esses livros se estendem até o fim da República Romana, e conta-se que Mommsen, por ser grande admirador de Júlio César, não conseguiu descrever sua morte. O autor prometeu continuidade à série, mas não produziu nenhum trabalho semelhante. Um quinto volume que descrevia as províncias romanas de César a Diocleciano foi publicado sem que o quarto volume passasse de notas. O dramaturgo alemão Heiner Müller escreveu um poema longo, com características teatrais, que especula sobre

esse bloqueio criativo de Mommsen enquanto conjetura sobre a reunificação alemã, intitulado, no original, "Mommsens Block" e publicado em 1992. [N. T.]

10   Ernest Renan (1823–1892), citado no início do ensaio, escreveu sobre o Imperador Marco Aurélio que, se este fora incapaz de consertar os males do mundo sendo um Imperador-filósofo, ninguém seria capaz de fazê-lo. Para Renan, o fim do império de Marco Aurélio correspondia ao fim da civilização antiga. Wilde, mesmo sem abandonar a centralidade da personalidade individual como o elemento que constrói a Utopia, aponta que as restrições da vida material não permitiriam ao Imperador colocar essa força em movimento.

11   O discurso direto entregue à voz de Cristo nessa passagem para que se crie um texto bíblico novo, calcado na visão de cristandade de Wilde, mas efetivamente apócrifo e quase blasfemo, é um dos grandes momentos deste ensaio e mostra a relação quase agnóstica do autor com a matéria religiosa.

12   Padre Damião (1840–1889), da Congregação dos Sagrados Corações de Jesus e Maria, canonizado em 2009 como São Damião de Molokai ou São Damião de Veuster, foi um padre belga que se dedicou à evangelização e conforto de vítimas de mal de Hansen, ou lepra, entre 1873 e 1889 no então independente Reino do Havaí. Em sua estada, o cura organizou a comunidade, que vivia em estado de abandono, para construir casas e outras pequenas edificações de uso comum, enquanto vivia com os doentes como igual. O trabalho de Damião foi reconhecido pelo Rei David Kalakaua com a condecoração máxima do reino. Na entrega da honraria, a Princesa Herdeira Lili'uokalani, diante do estado das pessoas que habitavam o assentamento, não conseguiu proferir o discurso que havia preparado para a ocasião. Após essa visita, a comunidade recebeu auxílio financeiro de diversas denominações cristãs, incluindo a Igreja Anglicana. Damião contraiu a doença daqueles de quem cuidava e faleceu no arquipélago, onde foi enterrado. Em 1936, o Reino da Bélgica solicitou sua exumação e traslado para sua terra natal. O padre foi sepultado em terreno consagrado na Universidade de Leu-

ven. Após a beatificação do padre, em 1995, os restos de sua mão direita foram enviados ao Havaí e enterrados novamente na comunidade de Molokai.

13   Richard Wagner (1813–1883), compositor alemão, conhecido por suas óperas e dramas musicais. Wagner compunha e escrevia o libreto de cada ópera, ao contrário da maioria dos compositores. Em uma série de ensaios sobre composição, Wagner teorizou sobre "a obra de arte total" (*Gesamtkunstwerk*, em alemão), que deveria unir em seus procedimentos aspectos de poesia, música, plasticidade visual e dramaturgia. A realização desses princípios se deu sobretudo no ciclo de quatro óperas intitulado *O Anel dos Nibelungos*. Wagner é conhecido pelo uso do leitmotiv: frases melódicas associadas a personagens, sentimentos específicos, lugares ou situações que se repetem dentro da estrutura dramática. Esse recurso é fundamental e amplamente utilizado nas artes audiovisuais posteriores ao surgimento do cinema.

14   Oclocracia não é uma das formas de governo formulada pela teoria política. O termo significa "governo da turba", e se refere a uma forma de governo, uma degeneração da democracia, em que multidões de pensamento uniforme atuam tiranicamente sobre o conjunto da sociedade. A politóloga bósnia contemporânea Jasmin Hasanovic postula que a submissão do exercício democrático à tecnocracia e à ideologia neoliberal para favorecer o cálculo econômico leva a uma situação que pode ser lida como uma nova forma de totalitarismo, em que a participação popular se reduz às eleições e os poucos que se assenhoram das instituições passam a utilizar os veículos de comunicação de massa para criar uma ideia de público que não existe de fato. Essa condição favorece governos de elites plutocráticas ou de partidos fanáticos de extrema direita. No lugar de dizer que uma forma de governo é de fato oclocracia, Hasanovic fala de práticas oclocráticas que podem levar a regimes autoritários nos moldes mais ou menos já conhecidos. Essa visão de Hasanovic está afinada com a dos malefícios da turba sobre os indivíduos na teoria wildeana.

15   Macbeth, personagem principal d'*A tragédia de Macbeth*, do dramaturgo inglês William Shakespeare, recebe de três bruxas a profecia de que ele seria, um dia, o rei da Escócia. A revelação desperta seus sentimentos de cobiça mais profundos e ele parte para uma série de assassinatos em busca de ascender e permanecer no trono. Vautrin, cujo nome verdadeiro é Jacques Collin, é personagem de três novelas da obra *A comédia humana*, do escritor francês Honoré de Balzac. Vautrin é conhecido, no universo ficcional, como o enganador da morte, por escapar diversas vezes da pena de morte. Os personagens são citados por terem em comum a vilania trágica e insana, no caso de Macbeth; ardilosa e cínica, no caso de Vautrin; todas encantadoras, ao contrário da vilania tediosa do criminoso comum na vida real, que só é criminoso por causa da precariedade com que vive.

16   Charles Kingsley (1819–1875), professor universitário, historiador e homem de letras, pertencia ao clero secular da Igreja Anglicana e era associado ao Socialismo cristão. Amigo e correspondente de Charles Darwin, Kingsley foi muito prolífico no campo literário, mas, embora popular, a qualidade de seus textos é bastante questionável, como avalia Wilde. Kingsley articulou ideias darwinistas para defender pontos de vista racistas e esotéricos, que chegavam a estabelecer a Coroa inglesa como descendente genética dos deuses nórdicos. William Wordsworth (1770–1850), por sua vez, é um grande poeta da língua inglesa, junto com Samuel Taylor Coleridge (1772–1834), um dos fundadores da Era Romântica.

17   Os Lordes Temporais e os Espirituais compõem a Câmara dos Lordes, que, com a Câmara dos Comuns, formam o Parlamento do Reino Unido. Os Lordes Temporais são, em parte, membros da nobreza que assumem as cadeiras hereditariamente, ou por eleição entre esses mesmos membros (que totalizam 92), ou são nomeados pela Coroa para cargo vitalício, mas não hereditário. Os Lordes Espirituais são os membros em posições mais elevadas na Igreja Anglicana. A Câmara dos Comuns é formada por deputados eleitos pelo povo.

18   O Lyceum e o Haymarket são teatros ainda em funcionamento no West End de Londres, onde estão situados numerosos teatros que abrigam companhias profissionais ou têm alguma rotatividade de produções comerciais muito populares. O Lyceum foi construído em 1765 e abrigava a Sociedade dos Artistas, grupo que não foi bem-sucedido e acabou entregando as instalações a grupos de dança e espetáculos de entretenimento fácil. Depois de algum vai e vem entre empresários que queriam reformar o espaço para deixá-lo mais adequado a apresentações teatrais, entre o circo de Londres e mais companhias de entretenimento, entre seu uso como igreja e como sede do museu de cera Madame Tussauds, o Lyceum foi finalmente adequado para o teatro profissional em 1809.

19   William Makepeace Thackeray (1811–1863), romancista e ilustrador inglês nascido na Índia ocupada, era famoso por sua obra satírica. Seu trabalho mais conhecido, *Vanity Fair*, não era o favorito de Wilde, que prefere *The History of Henry Esmond*, um romance histórico menos lido atualmente. A preferência não diz nada sobre Wilde, que trouxe em sua obra uma verve satírica comparável à de poucos.

20   George Meredith (1828–1909) foi um romancista britânico bastante conhecido em sua época, estimado pela crítica, não muito bem-sucedido editorialmente e não muito lido hoje em dia. Meredith foi bastante influente trabalhando como avaliador de manuscritos para a editora Chapman & Hall. Foi amigo inconstante de figuras como William e Dante Gabriel Rossetti, Algernon Charles Swinburne, Robert Louis Stevenson, George Gissing e J. M. Barrie, todos autores muito populares no século XIX. Em outro ensaio sobre a escrita de romances, Wilde afirma que George Meredith conseguiu se tornar um mestre em tudo, menos na linguagem, e acabando por ser muito estranho e, nos dizeres wildeanos, individual, para alcançar popularidade.

21   A primeira Grande Exposição aconteceu em Londres, em 1851, e retornou à cidade em 1862 depois de uma edição em Paris, em 1855. Ela foi, por um lado, uma demonstração do poderio colonial britânico e, por outro, o primeiro grande fórum de nações não invadidas

pelo colonialismo do século XIX. Em 1851, houve a exibição de produtos oriundos de todo o território ocupado pelos britânicos, incluindo o Koh-i-Noor, diamante saqueado do povo sikh depois do tratado de Lahore. Esse tratado marcou a rendição dos sikhs, que ocupavam o território hoje parte no Paquistão e parte na Índia. Ao mesmo tempo, participaram do evento aberto pela Rainha Vitória personalidades como Karl Marx, Lewis Carroll, Charles Dickens e Charlotte Brontë. A exposição foi, seguramente, um importante espaço de circulação de ideias. A segunda edição em Londres, em 1862, foi menos estrondosa. A Rainha Vitória, em luto pela perda do marido, o Príncipe Albert, não compareceu à abertura. Nessa ocasião, muita atenção foi dada à produção industrial e às inovações tecnológicas. A máquina analítica, um dos primeiros computadores da história, desenvolvida por Charles Babbage e programada pela primeira vez por Ada Lovelace, foi uma das grandes atrações. Houve muita atenção à decoração, com vendas de tecidos e objetos decorativos, destacando-se os produtos da Morris, Marshall, Faulkner & Co: Wilde pode estar se referindo a eles, que se tornaram moda ao longo da década seguinte. William Morris, fundador e posteriormente único proprietário da empresa, contribuiu para a repetição dos objetos na casa, considerada de mau gosto por Oscar Wilde, ao mesmo tempo em que contribuiu para a popularização de ideais socialistas por meio de sua escrita de gênero fantástico.

22   Dante Alighieri (1265–1321), autor d'*A Divina Comédia*, e Torquato Tasso (1544–1595), autor de *Jerusalém Libertada*, foram escritores italianos separados por dois séculos e meio. Ambos, por caírem em desgraça ante os poderes locais – Dante com a corte de Florença e Tasso com a corte de Ferrara –, tiveram destinos amargos. O primeiro foi exilado de sua cidade natal e morreu no exílio. O segundo passou quase sete anos internado em um manicômio, e tudo o que produzia ali era modificado por editores inescrupulosos, sem que ele pudesse reagir.

23   Da mesma geração de Torquato Tasso, Benvenuto Cellini (1500–1571) foi ourives, escultor, arquiteto, desenhista, poeta e autor de uma autobiografia bastante influente para o gênero. Cellini foi um

dos grandes nomes do Maneirismo, estilo que agregou ambivalências formais ao estilo clássico predominante nos dois séculos anteriores. O artista caiu nas graças do Papa Clemente VII e lutou em guerra entre o Estado Papal e o Sacro Império Romano-Germânico, supostamente matando um dos comandantes das tropas imperiais, Carlos III, Duque de Borgonha. Após a guerra, Cellini voltou a Florença, onde vivera até os 19 anos e de onde fora exilado por seis meses, aos 16 anos, por se envolver em brigas em espaços públicos. De volta a Roma, em 1529, Cellini vingou-se da morte do irmão matando o assassino e precisou da ajuda de cardeais, cujas amizades amealhou em seu período na corte de Clemente VII, para ser perdoado. Depois da morte do Papa, Cellini ainda gozou de prestígio junto ao sucessor, o Papa Paulo III. Mas os favores duraram apenas até Cellini cair em uma arapuca do Duque de Piacenza e Parma, Pier Luigi Farnese, que o denunciou por roubo das joias da tiara papal – o que provavelmente Cellini não fez. O artista foi preso no Castelo de Sant'Angelo, em Roma, fugiu, foi recapturado e sofreu uma tentativa de assassinato por ingestão de pó de diamante – fracassada, porque diamantes falsos foram usados para fazer o veneno. Cellini foi posto em liberdade por intermédio da esposa de Farnese e do Cardeal de Ferrara, mas jamais foi perdoado por Paulo III.

24 A Tebaida é uma região do Alto Nilo, onde se encontra atualmente a cidade de Assuã. Salvo pelas áreas próximas ao grande rio, a Tebaida é desértica.

25 Denominação genérica para monges que decidem viver em comunidades retiradas, com outros cenobitas que compartilhem os princípios que regem suas vidas.

RESENHA
George Orwell

Os trabalhos de Oscar Wilde estão sendo muito revisitados, no palco e na tela, e vale lembrar que *Salomé* e *Lady Windermere* não foram suas únicas criações. *A alma humana sob o Socialismo*, por exemplo, publicado pela primeira vez aproximadamente sessenta anos atrás[1], permanece impressionantemente atual. Seu autor não era ativamente um socialista, mas era um observador compreensivo e inteligente; embora suas profecias não tenham se concretizado, elas não se tornaram necessariamente obsoletas com a passagem do tempo.

A visão de Wilde sobre o Socialismo, a qual, à época, era provavelmente compartilhada por diversas pessoas menos articuladas que ele, é utópica e anárquica. A abo-

---

[1] Esta resenha foi escrita em maio de 1948, no período pós-Segunda Guerra Mundial. [N. E.]

lição da propriedade privada, diz ele, tornará possível o total desenvolvimento do indivíduo e nos libertará da "sórdida necessidade de viver para os outros". No futuro socialista, não apenas não haverá carência e insegurança, como também trabalhos enfadonhos, doença, feiura, tampouco desperdício do espírito humano em inimizades e rivalidades fúteis.

A dor deixará de ser importante; de fato, pela primeira vez na história. O indivíduo será capaz de sedimentar sua personalidade por meio da alegria, em vez do sofrimento. O crime desaparecerá, uma vez que não haverá razão econômica para isso. O Estado deixará de governar e sobreviverá meramente como uma agência para a distribuição de itens essenciais. Todos os trabalhos desagradáveis serão realizados por máquinas, e todos serão completamente livres para escolher seu próprio trabalho e maneira de viver. Na prática, o mundo será povoado por artistas, cada um perseguindo a perfeição na forma que melhor lhe couber.

Hoje, aquelas otimistas previsões são de leitura dolorosa. Wilde percebeu, é claro, que existiam tendências autoritárias no movimento socialista, mas ele não acreditou que elas prevaleceriam e, com uma certa ironia profética, escreveu: "É difícil acreditar que algum socialista, hoje em dia, proponha seriamente que um inspetor passe todas as manhãs em cada casa para ver se cada cidadão se levantou e fez seu trabalho manual durante oito horas" – o que, infelizmente, é o exato tipo de coisa que inúmeros socialistas modernos iriam propor. Claramente algo deu errado. O Socialismo, no sentido de coletivismo econômico, está conquistando a Terra em um ritmo que dificilmente pareceria possível sessenta anos atrás, e a Utopia, ao menos a Utopia de Wilde, não está mais próxima de se realizar. Onde, então, mora a falácia?

Ao se olhar mais de perto, é possível perceber que Wilde faz duas suposições comuns, porém injustificadas. Uma é a de que o mundo é imensamente rico e está sofrendo principalmente de má distribuição. Equilibre as coisas entre o milionário e o varredor de rua, ele parece dizer, e haverá mais do que o suficiente para todos. Até a Revolução Russa, essa crença era amplamente sustentada – "passando fome em meio à abundância" era uma frase muito usada –, mas era um tanto falsa, e sobreviveu apenas porque os socialistas sempre pensavam sobre os países ocidentais altamente desenvolvidos e ignoravam a assustadora pobreza da Ásia e da África.

Na verdade, o problema para o mundo como um todo não é como distribuir a riqueza existente, mas sim como aumentar a produção[2], sem a qual a igualdade econômica significa puramente uma miséria comum.

Em segundo lugar, Wilde assume que é uma questão simples fazer com que os tipos desagradáveis de trabalho sejam feitos pelas máquinas. As máquinas, diz ele, são nossas novas escravizadas: uma metáfora tentadora, porém enganosa, visto que existe uma vasta abrangência de trabalhos – grosso modo, qualquer trabalho que necessite de grande flexibilidade – que máquina alguma é capaz de fazer. Com efeito, mesmo nos países largamente mecanizados, uma enorme quantidade de trabalhos maçantes e exaustivos devem ser realizados por relutantes músculos humanos. Mas isso, por si só, implica trabalho direcionado, horas de expediente fixas, remunerações díspares e toda a arregimentação que Wilde abomina. A versão do Socialismo de Wilde apenas poderia se realizar em um mundo não só muito mais rico, mas também

---

[2] Devemos ponderar que o problema da atualidade reside na má distribuição de recursos e não na falta de capacidade de produção. O trabalho humano no século XXI é capaz de produzir muito mais do que o necessário, mas, por questões políticas do capitalismo, o acesso ao produto desse trabalho é desigual tanto entre a população local quanto entre as nações. [N. E.]

tecnicamente mais avançado que o presente[3]. A abolição da propriedade privada não coloca, por si só, comida na boca de ninguém. Esse é apenas o primeiro passo de um período de transição que é necessariamente trabalhoso, desconfortável e longo.

Contudo, isso não implica dizer que Wilde está completamente equivocado. O problema com períodos de transição é que o panorama ríspido que eles geram tende a se tornar permanente. Até onde se foi possível observar, foi o que aconteceu na Rússia Soviética. Uma ditadura supostamente estabelecida com um propósito limitado se sedimentou, e o Socialismo acaba por ser visto como sinônimo de campos de concentração e forças policiais secretas. *A alma humana sob o Socialismo* e outros textos basilares de Wilde, por consequência, têm seu valor. Estes podem demandar o impossível e podem – visto que uma Utopia necessariamente reflete a estética do período em que foi produzida –, por vezes, parecer "ultrapassados" e ridículos, mas ao menos enxergam além das filas para comida e das dissidências partidárias, lembrando o movimento socialista de seu original e meio esquecido objetivo de fraternidade humana.

---

3 A passagem faz um aceno à tecnologia disponível no século XXI. [N. E.]

A UTOPIA DE UM ESTETA
Gentil de Faria

O ano de 1891, data da publicação de *A alma humana sob o Socialismo*, foi um dos mais produtivos da carreira de Oscar Wilde. Em pouco menos de cinco anos, ele publicou quatro livros de ensaios e contos, sua primeira peça de sucesso (*O leque de Lady Windermere*) e seu único romance e livro mais conhecido em todo o globo (*O retrato de Dorian Gray*), culminando com a encenação da peça *A importância de ser prudente*, considerada por muitos críticos a melhor comédia da língua inglesa. Também nesse período, em janeiro de 1891, deu-se o início da amizade fatal com o jovem Alfred Douglas, que levou Wilde à prisão em maio de 1895, após julgamento e condenação a dois anos de prisão com trabalhos forçados por "atos indecentes graves".

Este ensaio de cunho político destoa de toda a produção literária do autor. O termo "Socialismo", contido no título, despertou várias reações e levou o editor da segunda edição a renomear o ensaio simplesmente como *A alma humana*, sem a anuência de Wilde. Essa atitude deturpou o sentido básico da obra, havendo a restauração do título original nas edições posteriores. Não demorou muito para surgirem as primeiras traduções, inclusive para o chinês e o russo. No Brasil, há cerca de uma dezena de versões do ensaio, sendo a primeira tradução de autoria de Armando Brussolo, publicada em 1933. *A alma humana sob o Socialismo* foi um dos últimos textos de Wilde a ser traduzido em português brasileiro.

Frank Harris, o primeiro biógrafo de Wilde e então diretor da *Fortnightly Review*, publicou o texto no número referente a fevereiro de 1891. No mês seguinte, na mesma revista, saiu o polêmico prefácio posterior ao romance *O retrato de Dorian Gray*. Embora não tivesse qualquer interesse pela política partidária, Wilde produziu um ensaio marcadamente político. Defendendo a implementação do Socialismo, logo de início, ele tece críticas à filantropia e à propriedade privada ("imoral e injusta", "realmente um estorvo") que, segundo ele, deve ser abolida e substituída pela propriedade pública. Para Wilde, o regime da propriedade pública resgata o poder do Individualismo e liberta a humanidade da ambição do ter, pois o mais importante é o ser. Sobre esse aspecto, ele afirma que a lei inglesa sempre castigou com muito mais severidade os delitos contra a propriedade privada, em comparação aos delitos contra as pessoas, e que a propriedade continua sendo "o teste da cidadania completa".

Se abolirmos a propriedade privada, diz Wilde, teremos o verdadeiro, o belo e saudável Individualismo. "Viver é a coisa mais rara do mundo. A maioria das pessoas existe, e só", arremata. O importante é estar em paz de espírito consigo mesmo, pois é possível uma pessoa ser livre num cárcere, afirma romanticamente. Esse Individualismo é alcançável por meio do Socialismo, sob o qual cometer crimes não será mais necessário. A fome, e não o pecado, é que desencadeia o crime moderno.

Implantado o Socialismo, a função de governar se altera, pois todas as formas de governo são um verdadeiro fracasso. O Estado tem por objetivo fazer o que é útil. Ao indivíduo cabe fazer o que é belo. A humanidade nasceu para algo mais alto do que recolher a sujeira. São as máquinas que deveriam servir aos humanos, executando as tarefas perigosas e mais penosas, e não o contrário. "Isso é Utópico?", Wilde pergunta a si mesmo. A resposta é seguramente a passagem mais citada do ensaio:

> Um mapa do mundo que não inclui a Utopia não vale nem a pena olhar, pois deixa de fora o único país onde a humanidade sempre pousa. E quando a humanidade pousa ali, olha para fora e, vendo um país melhor, zarpa. O progresso é a realização das Utopias.

Apesar de demonstrar conhecer a obra *Utopia* (1516), Wilde não faz qualquer menção ao nome do autor, Thomas More. "Utopia" é um termo criado pelo escritor inglês a partir da junção de dois elementos gregos: *ou* ("não") e *topos* ("lugar"), isto é, "lugar que não existe". A abolição da propriedade privada, defendida por Wilde, é uma das ideias concebidas por More.

Ao longo do ensaio, fica evidente a supremacia do esteta sobre o socialista. Wilde procura conciliar as duas situações, mas a questão estética ganha sua preferência. Para ele, a Arte é a forma mais intensa de Individualismo. Assim, afirma que o artista não deve buscar a popularidade, e conclui: "O público deve tentar tornar-se artístico". A interferência do público é prejudicial para as Artes. Enquanto a poesia se mantém um pouco distante, pois não é consumida pelo grande público, o mesmo não acontece com a prosa, que desperta mais interesse popular. A esse respeito, Wilde faz uma crítica ácida aos romances ingleses contemporâneos: "Nenhum país produz uma ficção tão mal escrita, obras tão entediantes e ordinárias na forma de romance, e peças tão imbecis e vulgares como a Inglaterra. A imbecilidade é obrigatória".

Wilde também faz críticas severas ao jornalismo praticado na época: "Nos velhos tempos, os homens tinham o porrete. Agora têm a imprensa. Uma melhora, decerto. Mesmo assim, é tudo muito ruim, errado e desalentador". Os jornalistas deveriam receber limites e não devassar a vida privada das pessoas para expô-la ao público: na Inglaterra, eles tinham liberdade completa, o que não ocorria, por exemplo, na França, que impunha restrições à divulgação de notícias pessoais. O jornalista é mais protegido do que o artista que, por vezes, é o mais censurado.

O artista deveria exercer a Arte com plena liberdade, e toda forma de governo é perniciosa e tirânica. Perguntando-se qual seria mais vantajosa, o próprio Wilde responde se utilizando de uma boutade: "A forma de governo mais adequada é não ter governo algum". Em entrevista alguns anos antes, Wilde havia afirmado ser uma espécie de anarquista. Ele não se interessava pela política partidária inglesa, pois "a Câmara dos Comuns nada tem a dizer e é isso o que diz".

Em decorrência de uma concepção idílica e um tanto simplista do que seja o Socialismo, o ensaio de Wilde ficou vulnerável a reações contrárias, pois suas ideias diferem bastante do tipo de Socialismo professado no final do século XIX e princípios do século XX. A obra mostra um olhar do artista que procura conciliar o Individualismo estético com o Cristianismo e o Socialismo, e os gregos continuam sendo o seu modelo preferido: "O novo Individualismo é o novo Helenismo", proclama ao final. Neste ensaio, temos o esteta Oscar Wilde por inteiro, defendendo com vigor a individualidade artística. Sob essa perspectiva, lutando por uma nova visão estética, ele foi um revolucionário no campo das Artes.

vivo no terror de não ser incompreendido.

Este livro foi composto com as fontes tipográficas Fanwood Text e Work Sans e impresso em papel Avena 90g/m² pela gráfica Odisséia para a Editora Coragem, na primavera de 2021. Os lírios estavam em flor.